Alexander Bauer

Probabilistische Szenenmodelle für die Luftbildauswertung

Karlsruher Schriften zur Anthropomatik
Band 16
Herausgeber: Prof. Dr.-Ing. Jürgen Beyerer

Eine Übersicht über alle bisher in dieser Schriftenreihe erschienenen Bände finden Sie am Ende des Buchs.

Probabilistische Szenenmodelle für die Luftbildauswertung

von
Alexander Bauer

Dissertation, Karlsruher Institut für Technologie (KIT)
Fakultät für Informatik, 2013

Impressum

 Scientific
Publishing

Karlsruher Institut für Technologie (KIT)
KIT Scientific Publishing
Straße am Forum 2
D-76131 Karlsruhe

KIT Scientific Publishing is a registered trademark of Karlsruhe
Institute of Technology. Reprint using the book cover is not allowed.

www.ksp.kit.edu

Print on Demand 2014

ISSN 1863-6489
ISBN 978-3-7315-0167-1

Probabilistische Szenenmodelle für die Luftbildauswertung

zur Erlangung des akademischen Grades eines

Doktors der Ingenieurwissenschaften

Von der Fakultät für Informatik
des Karlsruher Instituts für Technologie (KIT)

genehmigte

Dissertation

von

Alexander Bauer

aus Karlsruhe

Tag der mündlichen Prüfung: 7.6.2013

Erster Gutachter: Prof. Dr.-Ing. Jürgen Beyerer

Zweiter Gutachter: Prof. Dr.-Ing. Rüdiger Dillmann

Danksagung

Ich danke allen Personen, die zum Entstehen dieser Arbeit beigetragen haben.

Ein ganz besonderer Dank gilt meinem Betreuer Herrn Prof. Dr. Jürgen Beyerer, der stets für mich ansprechbar war und mir die Freiheit gelassen hat, die Arbeit nach eigenen Vorstellungen zu entwickeln.

Ebenfalls bedanke ich mich bei den Mitarbeiten des Fraunhofer IOSB, insbesondere Herrn Dr. Jürgen Geisler und Frau Dr. Elisabeth Peinsipp-Byma, die mich bei der Wahl des Themas inspiriert haben und mir die Möglichkeiten gaben diese im Rahmen der laufenden Forschungsprojekte zu bearbeiten. Ebenso danke ich Frau Susanne Angele und Herrn Christian Glökler für die wertvollen Diskussionen und die Unterstützung bei der Durchführung der Experimente.

Bedanken möchte ich mich auch bei sämtlichen Bildauswertern, die bei der Entwicklung von RecceMan und SiteAnalyst beteiligt waren und deren Praxiserfahrung in die Ideen dieser Arbeit eingeflossen sind.

Inhaltsverzeichnis

Abbildungsverzeichnis

Symbol – und Abkürzungsverzeichnis

Abkürzungen

ARG   Attributierter relationaler Graph

ATP   Allied Tactical Publication (NATO)

             AZAALw Ausbildungszentrum für abbildende
Aufklärung der Luftwaffe

GIS   Geoinformationssystem

HTML   Hypertext Markup Language

LIDAR   Light Detection and Ranging

MCMC   Markow Chain Monte Carlo

NATO   North Atlantic Treaty Organization

OWL   Web Ontology Language

PDF   Portable Document Format

PGM   Probabilistische Graphische Modelle

RADAR   Radio Detection and Ranging

SAR	Synthetic Aperture Radar
STIFT	Scale Invariant Feature Transform
STANAG	Standardization Agreement (NATO)
W3C	World Wide Web Consortium
UML	Unified Modeling Language

Notation

x	Element einer Menge oder Ereignis einer Zufallsvariable
X	diskrete Menge oder Zufallsvariable
$\|X\|$	Mächtigkeit der Menge X
$P(X)$	Wahrscheinlichkeitsverteilung von X
$P(X = x)$	Wahrscheinlichkeit des Ereignis x
$E(X)$	Erwartungswert einer Zufallsvariable

Formelzeichen

S	Menge der möglichen Szenenbeschreibungen
O	Menge der Szenenbeobachtungen
$s \in S$	konkrete Szenenbeschreibung
$o \in O$	konkrete Szenenbeobachtung
Ω	Menge der Szenenentitäten einer Szenenbeschreibung
$\omega \in \Omega$	Szenenentität, Element einer Szenenbeschreibung
Ω	Menge der Funktionsklassen

ϕ Funktionsklasse, Typ einer Szenenentität

f_S Funktion, die einer Szenenentität eine Funktionsklasse zuordnet

$P_T(\varphi' | \varphi)$ Auftrittswahrscheinlichkeit einer konkreten Funktionsklasse φ in einem taxonomischen Funktionsklassenmodell

$P_C(K | \varphi', \varphi)$ Wahrscheinlichkeitsverteilung über die Menge der Unterknoten in einem kompositionalen Funktionsklassenmodell

Λ Knotenmenge einer Szenenbeobachtung

λ_i Knoten in einer Szenenbeobachtung (repräsentiert ein entdecktes Objekt)

R Kantenmenge einer Szenenbeobachtung

A_Λ Attributmenge der Knoten einer Szenenbeobachtung

A_R Attributmenge der Kanten einer Szenenbeobachtung

m Zuordnung zwischen einem Beschreibungsbaum und einer Szenenbeschreibung

$\Lambda_Z \subseteq \Lambda$ Menge der zugeordneten Objekte

$\Omega_Z \subseteq \Omega$ Menge der zugeordneten Szenenentitäten

$f_m: \Lambda_Z \to \Omega_Z$ Funktion, die Objekte auf Szenenentitäten abbildet

$\Lambda_M \subseteq \Lambda$ Menge der nicht zugeordneten Objekte

$\Omega_M \subseteq \Omega$ Menge der nicht zugeordneten Szenenentitäten

α_Λ Gewichtungsfaktor zur Gewichtung der Anzahl nicht zugeordneten Objekte in der bedingten Wahrscheinlichkeitsverteilung $P(O|S)$

α_Ω Gewichtungsfaktor zur Gewichtung der Anzahl nicht zugeordneten Szenenentitäten in der bedingten Wahrscheinlichkeitsverteilung $P(O|S)$

$I_X\big(m(s,o)\big)$ Indikatorfunktion, die angibt ob eine Bedingung für die Zuordnung m(s,o) zutrifft.

1 Einleitung

1.1 Motivation

Luft- und Satellitenbilder sind Abbildungen der Erdoberfläche, die von einem luft- oder satellitengestützten Sensor aufgenommen wurden. Sie sind eine wichtige Informationsquelle für vielfältige Einsatzgebiete. Meteorologen nutzen Satellitenbilder zur Erforschung des Klimas und zur Erstellung von Wetterprognosen, indem sie die Bewegungen der Wolkenfronten in zeitlich aufeinanderfolgenden Satellitenbildern interpretieren. Umweltschutzorganisationen verfolgen aufgrund der sichtbaren Veränderungen im Satellitenbild die Abholzung des Regenwalds in den Tropen oder stellen illegale Verunreinigungen der Weltmeere durch den internationalen Schiffsverkehr fest. Für Börsenspekulanten, die von den Schwankungen der Lebensmittelpreise profitieren, aber auch für Subventionsgeber wie die europäische Union, geben Satellitenbilder Aufschluss über die Bewirtschaftung von Agrarflächen. Selbst im Alltag erlauben uns die wachsenden Bandbreiten des Internets und die Miniaturisierung der Endgeräte nahezu überall und jederzeit Luft- und Satellitenbilder zu nutzen, um uns einen Eindruck von einer entfernten Region zu verschaffen, Verkehrsrouten zu planen oder gar vor Ort zu navigieren. Dies sind Beispiele für Einsatzgebiete der Fernerkundung, die sämtliche Verfahren zur Informationsgewinnung über die Erdoberfläche durch Messung und Interpretation der reflektierten oder emittierten elektromagnetischen Strahlung bezeichnet (z.B. Radar, Thermalbildkameras, Interferometer, etc.).

Die Ursprünge der Fernerkundung liegen in der militärischen Aufklärung. In einem militärischen Konflikt Position und Bewegungsrichtung der feindlichen Truppen aufgrund von Luft- oder Satellitenbildern frühzeitig und aus der Ferne zu erkennen, schafft einen erheblichen Vorteil bei der Verteidigung der eigenen Stellungen. Aber auch in Friedenszeiten kann die Luft- und Satellitenbildaufklärung nützliche Informationen liefern, um die Entstehung von neuen militärischen Einrichtungen frühzeitig zu entdecken und die von ihnen ausgehende Gefahr einzuschätzen, oder um Veränderungen in den Produktionskapazitäten der Rüstungsindustrie eines Landes zu erfassen und zu bewerten. Damit liefert sie einen wichtigen Beitrag zur diplomatischen Antizipation von drohenden militärischen Konflikten. Wie wichtig in diesem Fall die Verfügbarkeit einer unabhängigen Informationsquelle sein kann, zeigte sich beispielsweise bei dem andauernden Konflikt um den Ausbau iranischer Atomanlagen. Satellitenbilder liefern seit Beginn des Konflikts wichtige Hinweise um Veränderungen an den Anlagen zu erkennen und angemessen zu reagieren.

Mit dem seit 2007 in Betrieb genommenen radargestützten Satellitensystems SAR-Lupe hat die Bundesrepublik Deutschland begonnen, in der weiträumigen (globalen) Aufklärung Fähigkeiten aufzubauen, über die bisher nur die USA und die ehemalige Sowjetunion verfügen konnten. Zusammen mit dem französischen Satellitensystem HELIOS II, das mit einem optischen Sensor ausgestattet ist, bildet es die Grundlage für einen europäischen Aufklärungsverbund, der es Europa ermöglicht, in der Außenpolitik aufgrund unverfälschter Informationsquellen Entscheidungen zu treffen und im internationalen Informationstauschhandel als gleichwertiger Partner auftreten zu können.

Während der Nutzen von Luft- und Satellitenbildern als Informationsquelle für die Einsatzgebiete der Fernerkundung und für die militärische Aufklärung klar auf der Hand liegt, wird häufig unterschätzt, mit welchem Aufwand die gewünschten Informationen aus dem Bildmaterial extrahiert werden müssen. Um Informationen aus einem Luft- oder Satellitenbild zu extrahieren, muss den im Bild vorhandenen Bildsignaturen eine Bedeutung zugeordnet werden. Die Anzahl der Fahrzeuge auf einem Parkplatz aufgrund eines Luftbildes zu bestimmen, setzt beispielsweise voraus, dass der Betrachter die Bildsignaturen der Fahrzeuge isolieren und von anderen Bildsignaturen unterscheiden kann. Die in Luft- und Satellitenbildern eingenommene „Vogelperspektive" lässt jedoch nur indirekt (z.B. über den Schattenfall) Rückschlüsse über die dreidimensionale Struktur eines Objekts zu. Zudem entspricht sie nicht unserer Alltagserfahrung, so dass wir mit der Bildsignatur von Objekten aus dieser Perspektive nicht vertraut sind. Selbst geschulte und erfahrene Luftbildauswerter, die sich tagtäglich mit der Luftbildauswertung beschäftigen, kommen immer wieder in eine Situation, in der sie einer Bildsignatur keine eindeutige Bedeutung zuordnen können. Unterschiedliche Aufnahmebedingungen (z.B. Jahreszeit, Sonnenstand, Bildauflösung, etc.) verstärken diese Problematik, in dem sie starke Variationen der Bildsignatur ein- und desselben Objekts verursachen können.

Professionelle Luftbildauswerter nutzen daher intensiv Referenzbilder, deren Interpretation aufgrund anderer Informationsquellen bereits validiert wurde. Darüber hinaus stehen dem Luftbildauswerter noch weitere Hinweise im Luftbild selbst zur Verfügung: die Umgebung (Kontext) einer Bildsignatur bietet häufig die Möglichkeit eine bestimmte Interpretation zu bestätigen oder auszuschließen. Der Kontext umfasst die in der unmittelbaren räumlichen Umgebung vorhandenen Objekte der Bildsignatur, sowie die Anordnung der insgesamt in der Bildszene vorhandenen Objekte. Die Grundlagen zu dieser Vorgehensweise und das Wissen über die Zusammenhänge zwischen den zu erkennenden Objekten, erlernt ein Bildauswerter während seiner Ausbildung. Selbst professionelle Bildauswerter erreichen jedoch erst nach einigen Jahren der Spezialisierung auf eine bestimmte Domäne einen umfangreichen Wissensstand, der sie in die Lage versetzt auch in schwierigen Situationen aufgrund der Bildsignatur und des Kontexts eine zuverlässige Interpretation durchzuführen.

Aufgrund dieser besonderen Herausforderungen der Luftbildauswertung sind die Personalkosten bei der Nutzung von Luft- und Satellitenbildern heutzutage ein signifikanter Faktor. Ein seit langem angestrebter Ansatz zur Effizienzsteigerung ist daher die Automatisierung der Bildauswertung. Seit ihren Anfängen in den 70er Jahren wird an Verfahren geforscht, die diesen Prozess der visuellen Bildauswertung automatisieren sollen. Bisher konnte nur in wenigen Einsatzgebieten eine zufriedenstellende und im Vergleich zur Interpretation durch den Menschen vergleichbare Qualität erreicht werden. Mit den Fortschritten der digitalen Fotographie und Mobilfunkkommunikation und der damit verbunden Kostenreduktion bei der Aufnahme von Luft- und Satellitenbildern steigt der Bedarf an Bildauswertekapazität, während die technische Entwicklung im Bereich der Bildauswertung dieser Entwicklung immer noch hinterherhinkt. Die Verbesserung des Bildauswertungsprozesses, sei es durch Automatisierung von Teilaufgaben der Bildauswertung oder durch eine bessere technische Unterstützung des Bildauswerters, ist daher wichtiger als je zuvor.

1.2 Zielsetzung

Um den Prozess der Bildauswertung zu verbessern, werden im Fachgebiet künstliche Intelligenz der Informatik intensiv Methoden zur Automatisierung der Bildauswertung durch Methoden des Bildverstehens (z.B. die Objekterkennung oder Änderungsdetektion) erforscht. Während Algorithmen zur automatischen Bildauswertung (z.B. automatische Objekterkennung) um ein vielfaches schneller und kostengünstiger arbeiten können als ein menschlicher Bildauswerter, liegt jedoch auch die Fehlerquote bei der automatischen Bildauswertung deutlich höher und erreicht gerade in militärischen Anwendungen selten ein akzeptables Niveau. Darüber hinaus stellt sich hier ebenso wie in medizinischen Anwendungen die Frage, wer die Verantwortung für Fehlentscheidungen trägt, die auf Basis von Informationen getroffen werden, die durch ein System zur automatisierten Bildauswertung gewonnen wurden.

Der menschliche Bildauswerter wird daher weiterhin die Hauptrolle bei der Bildauswertung spielen. Um die Arbeit für den Bildauswerter zu erleichtern, entstehen daher zunehmend Unterstützungssysteme für die interaktive Bildauswertung (eine ausführliche Übersicht gibt Kapitel 2.1). Sie sind inspiriert durch Ansätze aus dem Bereich Wissensmanagement und durch Assistenzsysteme, wie man sie bereits aus Office-Anwendungen kennt. Diese Unterstützungssysteme erlauben beispielsweise einen komfortablen Zugang zu Referenzbildern in Form eines elektronischen Handbuchs oder unterstützen einzelne Aufgaben der Bildauswertung, die durch interaktive Funktionen in einer Bilddarstellungssoftware umgesetzt werden können (Objekte zählen, Entfernungen messen).

Weitere Unterstützung bekommt der Bildauswerter durch Systeme, die einzelne Interpretationsaufgaben wie die Klassifikation von Objekten anhand von Objektmerkmalen teilautomatisieren. Der Bildauswerter beschreibt dazu die Merkmale eines abgebildeten Objekts. Das System gleicht diese mit einem Objekttypenkatalog ab, stellt eine Übersicht der in Frage kommenden Objekttypen dar und weist auf trennungsrelevante Merkmale hin. Jedoch reicht die isolierte Betrachtung der Objektmerkmale nicht immer für eine zuverlässige Klassifikation aus. Gerade bei sehr komplexen Szenen wie Industrieanlagen der Großindustrie, aber auch Anlagen der Verkehrsinfrastruktur wie Hafenanlagen und Flugplätzen spielt der räumliche Kontext eine wichtige Rolle für die Bestimmung der Funktion eines Objekts.

Forschung und Industrie haben die Unterstützung bei der interaktiven Auswertung solcher Szenen bisher nur unzureichend betrachtet. Ziel dieser Arbeit ist es daher, existierende Unterstützungsansätze auf ihre Eignung für komplexe Szenen zu überprüfen sowie neue Ansätze zu finden, die den spezifischen Anforderungen der Auswertung von komplexen Szenen gerecht werden. Die Arbeit betrachtet dazu sowohl interaktive als auch automatische Verfahren aus dem Bereich der künstlichen Intelligenz und dem Maschinensehen, mit dem Ziel die besonderen Fähigkeiten des Menschen und des Computers zu kombinieren. Gelingt eine sinnvolle Kombination dieser Verfahren zu einem intuitiv bedienbaren Unterstützungssystem, sollten selbst wenig erfahrene Bildauswerter komplexe Szenen rasch und mit angemessener Qualität bewältigen können.

1.3 Definitionen

Viele der in dieser Arbeit verwendeten Begriffe wie z.B. Szene, Bild, Bildauswertung, Domäne, Objektsignatur, Kontext, usw. werden im Alltag in völlig unterschiedlichen Zusammenhängen verwendet. Als Grundlage für die Beschreibung der Arbeit ist eine eindeutige Definition dieser Begriffe daher zwingend notwendig. Die nachfolgenden Definitionen bauen auf der Arbeit von [Lueders, 2006] auf. Sie werden dort für die Beschreibung eines Verfahrens zur kamerabasierten Navigation von Robotern verwendet und lassen sich allgemein auf die Auswertung von Bildern sowie Bildfolgen übertragen. Sie ergänzen die Definitionen von [Palmer, 1999], der diese Begriffe als konzeptuellen Rahmen für die visuelle Wahrnehmungspsychologie definiert.

Luftbilder dienen dazu, Informationen über einen Ausschnitts der Erdoberfläche und der darauf befindlichen physikalischen Objekte zu gewinnen. Dieser Ausschnitt der Realwelt in räumlicher und zeitlicher Dimension wird als Szene definiert.

Definition 1 (Szene). *Eine Szene ist ein räumlich-zeitlicher Ausschnitt der Realwelt und umfasst die Gesamtheit aller physikalischen Objekte, die sich in diesem Ausschnitt befinden.* [Lueders, 2006]

Ein bildgebender Sensor wandelt die Strahlung, die von den Objekten der Szene reflektiert wurde, abhängig von den radiometrischen und geometrischen Aufnahmebedingungen in ein zweidimensionales Abbild um.

Definition 2 (Szenenabbild). *Ein Szenenabbild ist eine von einem bildgebenden Sensor erzeugte, zweidimensionale Momentaufnahme einer Szene, die von der Sensorposition und dem Aufnahmezeitpunkt abhängt. Es repräsentiert die vom Sensor erfasste Strahlung in einem begrenzten spektralen Bereich.* [Lueders, 2006]

Die in dieser Arbeit betrachteten Szenenabbilder werden von einem luft- oder satellitengestützten System aufgenommen und bilden einen Abschnitt der Erdoberfläche ab. Die Unterscheidung zwischen luft-

oder satellitengestützter Sensorik spielt für diese Arbeit keine Rolle. Diese Aufnahmen der Erdoberfläche werden daher fortan generell als Luftbilder bezeichnet.

Definition 3 (Luftbild). *Ein Luftbild ist ein von einem luft- oder satellitengestützten Sensor erzeugtes Szenenabbild.*

Ein Szenenabbild trägt zwar implizit Informationen über die Szene in sich, um sie jedoch für eine Problemstellung, z.B. der Fernerkundung oder der militärischen Aufklärung nutzbar zu machen, muss aus dem Szenenabbild eine Beschreibung der Objekte und ihrer Bedeutung gewonnen werden.

Definition 4 (Semantische Szenenbeschreibung). *Eine semantische Szenenbeschreibung ist eine Abbildung der Szene, die Rückschlüsse auf die Objektkategorien und Funktionen der in der Szene befindlichen Objekte erlaubt, so dass sie zur Lösung einer Aufgabe beiträgt.* [Lueders, 2006]

Die Formate einer semantischer Szenenbeschreibungen reichen von einem formlosen Text über tabellenartige Formulare bis hin zu maschineninterpretierbaren Formaten, abhängig von den Anforderungen des Nutzers und dessen Aufgabe. In der militärischen Anwendung werden Szenen durch einen Auswertebericht beschrieben. Während früher hauptsächlich stichwortartige Formate für die effektive Übertragung auf den damals verfügbaren Kommunikationsmedien zum Einsatz kamen, ermöglicht die heute verfügbare digitalen Speicherung und Übertragung von Multimediadokumenten die Kombination von Text und Bild. Diese Dokumente enthalten eine textuelle Beschreibung der Objekte durch ein standardisiertes Vokabular sowie ein entsprechend beschriftetes Szenenabbild.

Ungeachtet des Formats entsteht eine semantische Szenenbeschreibung durch Auswertung von Szenenabbildern. Dabei ist Vorwissen über die Eigenschaften der in der Szene erwarteten Objekte sowie über die Abbildungseigenschaften des Sensors notwendig.

Definition 5 (Bildauswertung). *Eine Bildauswertung ist die Anwendung von Vorwissen auf Szenenabbilder mit dem Ziel, eine semantische Szenenbeschreibung der abgebildeten Szene zu erzeugen, die zur Lösung einer Aufgabe beiträgt.* [Lueders, 2006]

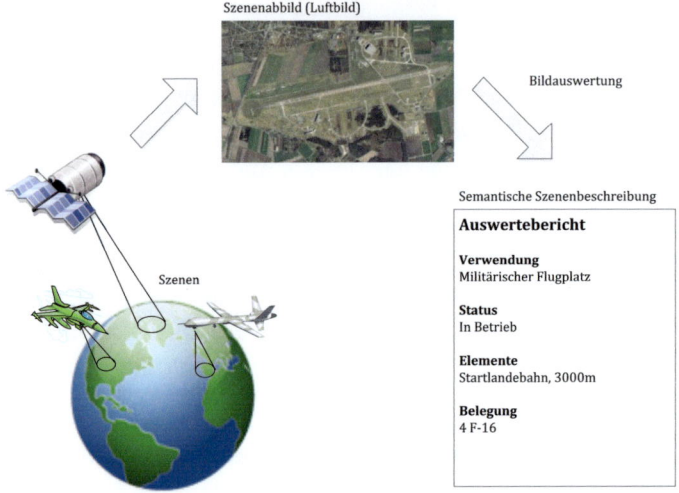

Abbildung 1.1
Übersicht über den Vorgang luftgestützte Aufklärung.

Die Aufgaben, für die Luftbilder als Informationsquelle dienen, sind sehr vielfältig. Dementsprechend können ganz unterschiedliche Informationen, die im Bild implizit enthalten sind, für die Aufgabe relevant sein. Beispielsweise können sie die geologischen Eigenschaften oder die Vegetation betreffen, oder aber hauptsächlich die durch Menschen geschaffene Objekte wie Gebäude und Straßen. Ebenso kann der Abstraktionsgrad der Begriffe, die für die Beschreibung verwendet wird, sehr unterschiedlich sein. [Guo et al., 2009] unterscheidet daher die folgenden Begriffsebenen:

- Art der Landbedeckung, z.B. Wasser, Brachland oder Vegetation.

- Einzelne Objekte, z.B. ein Haus, ein Baum oder ein Straßenabschnitt.

- Zusammengesetzte Objekte, die aus mehreren, in räumlichem Bezug stehenden Objekten bestehen, und als Objektverbund eine übergeordnete Qualität besitzen. Alle Einrichtungen zur Stromversorgung innerhalb einer industriellen Anlage erfüllen beispielsweise eine übergeordnete Funktion innerhalb der Szene.

Diese Arbeit beschäftigt sich mit der Beschreibung von Szenen auf der Ebene von zusammengesetzten Objekten. Diese Aufgabe wird fortan als Bildauswertung von komplexen Szenen bezeichnet.

In den meisten Fällen und insbesondere bei der militärischen Bildauswertung bestehen diese komplexen Szenen aus menschengeschaffenen Objekten (abgesehen z.B. vom Küstenverlauf bei einer Hafenanlage). Die Fähigkeit, diese Objekte im Bild anhand ihrer Erscheinung im Szenenabbild zu erkennen, ist eine wichtige Grundlage für die Bildauswertung von komplexen Szenen.

Definition 6 (Objektsignatur). *Die Objektsignatur eines einzelnen physikalischen Objekts ist der Ausschnitt des Szenenabbilds, dessen Erscheinung hauptsächlich durch die Präsenz des Objekts in der Szene hervorgerufen wird.*

In vielen Fällen ist die Objektsignatur ausreichend, um Objekte vom Hintergrund zu unterscheiden, sie in grobe Kategorien zu teilen (z.B. Gebäude, Straße, etc.) und auf dieser Begriffsebene isoliert voneinander zu beschreiben. Die Rolle eines einzelnen Objekts als Teil eines zusammengesetzten, komplexeren Objekts kann jedoch selten allein aufgrund der Objektsignatur bestimmt werden. Hier spielt der Kontext des Objekts eine entscheidende Rolle. [Singhal et al., 2003] unterscheidet dabei zwischen dem räumlichen Kontext, der durch die unmittelbare Umgebung eines Objekts bestimmt wird und dem Szenenkontext, der alle Informationen, die über die gesamte Szene bekannt sind, zusammenfasst.

Definition 7 (Räumlicher Kontext). *Der räumliche Kontext eines Objekts ist die Menge aller Informationen über die Objekte, die in einer beschränkten räumlichen Umgebung des Objekts existieren.*

Definition 8 (Szenenkontext). *Der Szenenkontext ist die Menge aller Informationen, die über eine Szene und deren physikalischen Objekte aus dem aktuellen Bildauswertungsvorgang, vorhergehenden Bildauswertungen oder aus anderen Informationsquellen bekannt sind.*

Häufig werden bei der militärischen Luftbildaufklärung Gebiete untersucht, über die bereits Informationen aus vorherigen Aufnahmen oder aus anderen Informationsquellen vorliegen. Die Aufgabe gibt zusätzlich vor, welche Objekte durch die Bildauswertung beschrieben werden sollen. Typischerweise steht daher bereits vor der Erstellung der Szenenabbilder fest, welche Art von Szene abgebildet wird (z.B. eine Hafenanlage).

Definition 9 (Domäne). *Eine Domäne beschreibt eine Klasse von Szenen, bei der das Auftreten, die Anordnung und die spezifischen Eigenschaften der physikalischen Objekte in der Szene bestimmten Regelmäßigkeiten genügen.*

Das in Definition 5 erwähnte Vorwissen zur Bildauswertung lässt sich so als Gesamtheit des Wissens über die Domäne sowie dem Wissen über die Abbildungseigenschaften des Sensors abgrenzen. Der Bildauswerter wendet dieses Vorwissen während der Bildauswertung auf das Szenenabbild an, indem er die Objektsignaturen, den räumlichen Kontext sowie den Szenenkontext bei der Erstellung der semantischen Szenenbeschreibung berücksichtigt.

1.4 Zentrale Fragestellungen

Ziel der Arbeit ist, die besonderen Fähigkeiten des Bildauswerters und des Computers durch die Kombination von interaktiven und automatischen Bildauswerteverfahren für die Bildauswertung von komplexen Szenen nutzbar zu machen. Das zu entwickelnde interaktive Unterstützungssystem soll den Prozess der Bildauswertung für den Bildauswerter erleichtern, sodass selbst wenig erfahrene Bildauswerter komplexe Szenen rasch und mit angemessener Qualität durchführen können.

Um sicher zu stellen, dass die Gestaltung des Unterstützungssystems den besonderen Anforderungen dieses Prozesses gerecht wird, muss die Vorgehensweise des Bildauswerters möglichst genau bekannt sein. Aufgrund einer Analyse der Vorgehensweise sollen bestehende Unterstützungsfunktionen anhand ihrer Wirkungsschwerpunkte eingeordnet sowie konkrete Ansatzpunkte für neuartige Unterstützungsfunktionen abgeleitet werden. Wissenschaftliche Grundlagen für diese Analyse liefern Modelle der visuellen Wahrnehmung aus der Wahrnehmungspsychologie und Modelle der Luftbildauswertung aus dem Anwendungsbereich Fernerkundung. Diese Modelle gehen jedoch nicht auf die Besonderheiten von komplexen Szenen ein, die insbesondere im Umfeld der militärischen Aufklärung auftreten. Sie bieten daher nicht die notwendige Granularität, um sie für die Gestaltung eines entsprechenden Unterstützungssystems nutzen zu können und erfordern eine aufgabenspezifische Analyse der Vorgehensweise des Bildauswerters bei komplexen Szenen.

Das Vorwissen des Bildauswerters über die Domäne der zu beschreibenden Szene spielt eine entscheidende Rolle bei der Luftbildauswertung. Viele Verfahren aus dem Bereich des Maschinensehens verwenden Modelle zur expliziten Repräsentation dieses Vorwissens, um es für eine automatische Bildauswertung zu nutzen. Die Motivation liegt dabei in der Reduktion von Fehlern oder Mehrdeutigkeiten und der Ableitung von abstrakteren Informationen aus den im Bild erkannten Objekten (z.B. Klassifikation der Szene). Da die vollautomatische Bildauswertung aufgrund der unzureichenden Qualität der Ergebnisse bisher keine praktische Relevanz entwickeln konnte, werden dabei meist inkrementelle Verbesserungen der Leistungsfähigkeit im kleinen Maßstab angestrebt, die in einfachen Domänen oder akademischen Spielbeispielen nachgewiesen werden. Die Berechnungszeit für Schlussfolgerungen aus diesen Modellen sowie der Aufwand für die

Ausprägung eines solchen Modells durch einen Domänenexperten wurde dabei nur wenig betrachtet, so dass eine Skalierung auf die Komplexität praxisrelevanter Domänen nicht direkt möglich ist. Die Anwendbarkeit eines solchen Modells als Teil eines interaktiven Unterstützungssystems, eine einfache Ausprägung durch den Domänenexperten auf Basis eines generischen Modells, sowie die Sicherstellung von Laufzeiteigenschaften, die sich für interaktive Anwendungen eignen, sind daher neue Fragestellungen.

Schlussendlich stellt sich die Frage, ob sich die identifizierten oder neu entwickelten Unterstützungsansätze in der praktischen Anwendung bewähren und eine signifikante Verbesserung hervorrufen können. Die in dieser Arbeit beschriebenen Ansätze müssen dazu in einem Experimentalsystem umgesetzt und durch praxisrelevante Experimente evaluiert werden.

1.5 Aufbau der Arbeit

Kapitel 2 gibt einen Überblick über den Stand der Forschung und Technik der interaktiven Bildauswertung und führt in Methoden zur Modellierung und Nutzung von Vorwissen im Bereich der automatischen Bildauswertung von komplexen Szenen ein.

Kapitel 3 beschreibt eine Analyse der Vorgehensweise des Bildauswerters bei komplexen Szenen und ordnet die in Kapitel 2 vorgestellten Ansätze zu den identifizierten Teilaufgaben zu. Teilaufgaben, die von bestehenden Systemen bisher nicht unterstützt werden, liefern Anhaltspunkte für den Bedarf an neuartigen Unterstützungsansätzen.

Kapitel 4 stellt ein probabilistisches Szenenmodell vor, das den besonderen Anforderungen für die interaktive Bildauswertung bei komplexen Szenen gerecht wird und dabei die Häufigkeit von Objekten sowie deren Objektmerkmale und räumlichen Relationen berücksichtigt. Aufgrund den Möglichkeiten der Inferenz aus dem Szenenmodell werden neue Unterstützungsansätze vorgeschlagen.

Kapitel 5 beschreibt ein Unterstützungssystem, das bisherige Unterstützungsansätze mit den neuen Unterstützungsansätzen des probabilistischen Szenenmodells vereint und präsentiert die Ergebnisse einer experimentellen Evaluierung.

Schließlich fasst Kapitel 6 die erarbeiteten Ergebnisse zusammen und gibt eine Motivation für weiterführende Arbeiten in diesem Anwendungsgebiet

2   Stand der Technik und Forschung

Zu den Anfängen der luftgestützten Aufklärung und der Fernerkundung etwa zu Beginn des 20. Jahrhunderts erfolgte die Aufnahme von Luftbildern ausschließlich auf fotochemischen Verfahren [Albertz, 2001]. Die zunehmende Digitalisierung der Aufnahme, Betrachtung und Archivierung von Luftbildern und der daraus abgeleiteten Produkte führte in den letzten Jahren dazu, dass der Leuchttisch zur Betrachtung der entwickelten Filme mehr und mehr durch den Computer als Anzeigemedium für entsprechende digitale Luftbildaufnahmen ersetzt wird. Damit entstehen neue Möglichkeiten, die Bildauswertung und die damit in Bezug stehenden Aufgaben wie z.B. Auftragsmanagement, Recherche und Berichterstellung durch interaktive Softwaresysteme zu unterstützen (siehe auch [Schönbein, 2006]) und so diese Nebenaufgaben mit der eigentlichen Bildauswertung enger zu verzahnen.

Um die grundlegenden Aufgaben der Bilddarstellung und -aufbereitung am Rechner zu ermöglichen, bieten die heute hauptsächlich im Einsatz befindlichen Raster-Geoinformationssysteme (Raster-GIS) bereits einen umfangreichen Funktionsumfang. Beispiele für solche Systeme sind ERDAS Imagine, ENVI von ITT VIS, Global Image Viewer von Overwatch Systems oder das Open-Source System Quantum GIS. Insbesondere die Anpassung der Bilddarstellung an die Bedürfnisse und Vorlieben des Bildauswerters (Zoomen, Rotieren, Verschieben und Überlagern von Bildausschnitten), sowie das Erstellen von georeferenzierten Bildern (Georegistrierung, Georektifizierung) inkl. Annotationen einzelner Bildausschnitte stehen in diesen Programmen als anwendungsunabhängige Funktionalität zur Verfügung.

Diese als Standardsoftware für ein breites Anwendungsspektrum ausgelegten Raster-GIS enthalten jedoch äußerst selten eine aufgabenangepasste Unterstützung für den Bildauswerter. Im Gegenteil kann die zusätzliche kognitive Belastung durch die Bedienung der häufig über-

ladenen Benutzungsschnittstellen für die eigentliche Bildauswertungs-
aufgabe hinderlich sein. [Peinsipp-Byma, 2007] weist beispielsweise
nach, dass die Leistung des Bildauswerters durch Assistenzfunktionen,
die die kognitive Belastung durch die Systembedienung reduzieren,
gesteigert werden kann. Nicht nur die Systembedienung, sondern auch
die Bildauswertung und die damit verbundenen kognitiven Prozesse
können durch Unterstützungssysteme profitieren. Einen Überblick
über die heute im Einsatz befindlichen interaktiven Unterstützungssysteme, die explizit Domänenwissen repräsentieren und damit auf
unterschiedliche Art den Bildauswerter unterstützen, gibt Abschnitt
2.1 dieses Kapitels.

Mit den zunehmenden Möglichkeiten der Digitalisierung und der Leistungsfähigkeit moderner Prozessoren entsteht in den 60er Jahren des
20. Jahrhunderts mit dem Bildverstehen so ein neues Forschungsge-
biet der Informatik, das sich als eines seiner ehrgeizigen Ziele vorge-
nommen hat, die Fähigkeiten des Menschen bei der Bildauswertung
durch den Computer nachzubilden. Teildisziplinen dieses Forschungs-
gebiets sind z.B. die automatische Detektion und Klassifikation von
Objekten, die automatische Klassifikation von Bildszenen zur inhalts-
basierten Bildsuche oder die Automatisierung einer kompletten Bildauswertung, mit dem Ziel, eine semantische Szenenbeschreibung aus
dem Bild zu extrahieren. Abschnitt 2.1.5 fasst die wichtigsten Ansätze
dieser Disziplinen im Hinblick auf die Luftbildauswertung von Bildern
komplexer Szenen zusammen.

Während viele Ansätze zur interaktiven Unterstützung der Bildauswertung den Sprung aus dem Labor in die Praxis schaffen, liegt das
Ziel, die Fähigkeiten des menschlichen Sehens mit Computern nachzu-
ahmen und damit den Bildauswerter zu ersetzen, auch heute noch in
weiter Ferne. Den größten Anteil der Bildauswertung übernimmt daher heute immer noch der Bildauswerter. Sein Arbeitsplatz besteht
üblicherweise aus einem Desktop-PC und mehreren großflächigen
Displays. Dank der zunehmenden Rechenleistung dieser Systeme und
den Fortschritten bei den Methoden zur automatischen Objektdetekti-

on haben auch Forschungsergebnisse des Bildverstehens Einzug in den Arbeitsalltag des Bildauswerters gehalten.

2.1 Unterstützungssysteme

Unterstützungssysteme für die interaktive Luftbildauswertung sollen den Bildauswerter so unterstützen, dass er seine Aufgabe effizienter durchführen kann. Diese Systeme bieten dazu unterschiedliche domänenspezifische Unterstützungsfunktionen an, die bestimmte Teilaufgaben (z.B. Objekte erkennen, Szene klassifizieren, Bericht erstellen) erleichtern. Sie stehen dem Bildauswerter entweder als Erweiterungen für handelsübliche Raster-GIS oder aber als eigenständige Software zur Verfügung.

2.1.1 Handbücher und Lernsysteme

Handbücher sind ein sehr weit verbreitetes Hilfsmittel für die Bildauswertung. Die im freien Handel erhältlichen „Recognition Guides" der Jane's Information Group gelten beispielsweise als Standardwerke für die Erkennung von militärischen, serienmäßig gefertigten Objekten (z.B. Handbücher für die Erkennung von Flugzeugen: [Endres and Gething, 2001]). Sie enthalten detaillierte Profile der Objekte, die durch Tabellen mit technischen Daten, Zeichnungen und Fotos beschreiben werden und dienen so als Referenz für den Vergleich mit einer Bildsignatur im Luftbild. Über einen kostenpflichtigen Dienst sind diese Handbücher inzwischen auch online als elektronische Handbücher abrufbar. Handbücher, die als Referenz für die Beschreibung von komplexen Szenen wie Industrieanlagen, Flugplätzen und Hafenanlagen dienen, bietet die Jane's Information Group bisher jedoch nicht an. Ein möglicher Grund dafür könnte die Diversität und Mehrdeutigkeit der Begriffe sein, die für die Elemente komplexer Szenen verwendet werden. Selbst innerhalb einer Organisation werden teilweise unterschiedliche Begriffssysteme verwendet, was zu Verwechslung und Missverständnissen führt.

Um die verwendeten Begriffe für die Bildauswertung innerhalb der NATO zu vereinheitlichen, pflegen die NATO-Staaten gemeinsam das Dokument ATP-26 "Air Reconnaissance Intelligence Reporting Nomenclature". Es ist ein handbuchartiges HTML-Dokument[1], das eine einfache Navigation durch die Begriffe über einen Taxonomiebaum ermöglicht. Der überwiegende Teil der Begriffe ist mit Bildbeispielen hinterlegt, so dass dieses Dokument ebenfalls im begrenzten Umfang als Handbuch Verwendung findet. Die ATP-26 Nomenklaturen deckt jedoch nicht alle relevanten Begriffe für die in dieser Arbeit betrachteten Domäne ab.

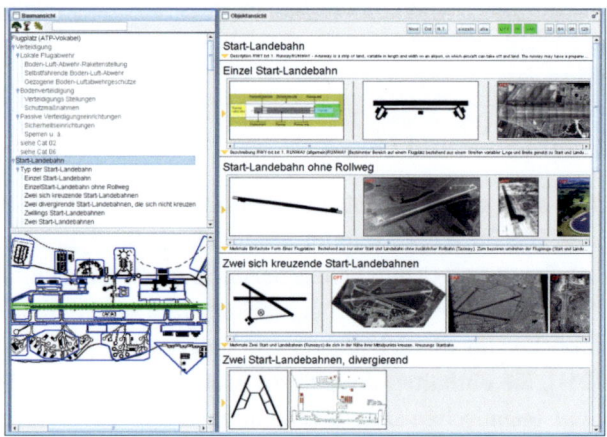

Abbildung 2.1

Bildschirmfoto eines elektronischen Handbuchsystems.

Normierenden Charakter innerhalb einer Organisation haben üblicherweise die Lehrunterlagen der ausbildenden Stelle. Bei der Bundeswehr übernimmt diese Funktion das Ausbildungszentrum für abbildende Aufklärung der Luftwaffe (AZAALw), das Lehrhefte für die verschiedenen Domänen in elektronischer Form als PDF[2] herausgibt.

---

[1] Hypertext Markup Language, Auszeichnungssprache zur Strukturierung und Formatierung von Dokumenten.
[2] Portable Document Format, plattformunabhängiges Datenformat für Dokumente.

Diese Lehrhefte sind für die Begleitung des Unterrichts während der Ausbildung zum Luftbildauswerter ausgelegt. Sie enthalten Erklärungen zum Aufbau einer typischen Anlage einer Domäne und beschreiben die in der Domäne häufig vorkommenden Elemente mit Bildbeispielen.

Umfangreichere, didaktisch für das Selbststudium aufbereitete Lektionen zur Interpretation von SAR[3]-Bildern und der sensorspezifischen Vorgehensweise zur Beschreibung von Flugplätzen, stellt das System SAR-Tutor zur Verfügung [Roller, 2003]. Neben der Darstellung von Lerninhalten und der Feststellung des Lernerfolgs durch Tests bietet das System eine Autorenumgebung, mit deren Hilfe neue Lerninhalte erstellt werden können. Die Inhalte sind hauptsächlich zur Ergänzung des Lehrbetriebs und für das Selbststudium ausgelegt und dementsprechend ausführlich und didaktisch aufbereitet. Damit sind sie für das Nachschlagen während einer Bildauswertung nur bedingt geeignet.

Das Fraunhofer IOSB entwickelte 2006 ein einfach zu bedienendes und erweiterbares elektronischen Handbuch, das Begriffe für die Beschreibung von komplexen Szenen mit Bildbeispielen und Erklärungen interaktiv darstellt und eine Navigation anhand eines Baums ermöglicht (siehe Abbildung 2.1). Gegenüber einem als PDF oder HTML bereitgestellten Dokument bietet die Implementierung als Java-Anwendung insbesondere Vorteile bei der Darstellung von Bildern (Funktionen wie z.B. Zoomen, Drehen, etc.) und bei der Filterung der dargestellten Informationen (z.B. exklusive Anzeige von Bildbeispielen eines bestimmten Sensortyps). Das System kommt ohne die Integration mit der Bilddarstellungssoftware aus, ist jedoch auf die Handbuchfunktion beschränkt. Diese Arbeit baut auf den Erfahrungen bei der Entwicklung dieses Handbuchsystems auf und erweitert das Konzept, domänenspezifische Informationen für den Bildauswerter anzubieten, um neue Funktionen.

---

[3] Synthetic Aperture Radar, eine bildgebende Sensortechnologie basierend auf RADAR.

2.1.2 Werkzeuge zur Berichterstellung

In vielen Anwendungen, insbesondere in der luftgestützten Aufklärung, wird die semantische Szenenbeschreibung als Produkt einer Bildauswertung in Form eines Berichts weitergegeben. Er bestand in den Anfängen der luftgestützten Aufklärung aus einer stichwortartigen Beschreibung der aufgenommenen Szene. Die Form des Berichts wird bewusst kurz und in einer standardisierten Form verfasst, so dass die relevanten Informationen mit Hilfe von Fernschreibern und anderen Kommunikationsmitteln niedriger Übertragungskapazität schnell weitergegeben werden können. Die Struktur eines solchen stichwortartigen Berichts ist innerhalb der NATO durch den Standard STANAG 3596 „Air Reconnaissance Requesting and Target Reporting Guide" definiert, der die Beschreibung einer Szene anhand verschiedener Aspekte gliedert:

- Ort und Typ (z.B. „Ziviler Flughafen Frankfurt"),

- Status (z.B. „in Betrieb" oder „außer Betrieb"),

- Aktivitäten (z.B. Beschreibung von Landfahrzeugen, Schiffen und Flugzeugen),

- Verteidigungseinrichtungen,

- Betriebseinrichtungen (z.B. Beschreibung der Gebäude, Fahrbahnen und Kommunikationseinrichtungen),

- Einschätzungen von Beschädigungen.

Die örtliche Position der beschriebenen Einrichtungen wird dabei relativ zu einer Referenzkoordinate angegeben. Unterstützungssysteme für die Berichterstellung an einem Rechnersystem helfen dabei, diese Berichtstruktur und das vereinheitlichte Vokabular einzuhalten. Der Bildauswerter wählt dazu die beschreibenden Vokabeln aus einer Liste oder einem Taxonomiebaum zur Übernahme in die Berichtsschablone aus. Ein Beispiel dafür ist die Software i2exrep [Pfirrmann, 2008].

Größere Übertragungsbandbreiten und die Bearbeitung des Bildmaterials am Rechner machen es heute zusätzlich möglich, das Bildmaterial selbst in den Bericht zu integrieren und die Objekte direkt im Bild zu beschriften. Dazu bieten Raster-GIS die Funktion, sogenannte Annotationsebenen einzufügen, durch die Beschriftungen und geometrische Elemente (Punkte, Linien oder Polygone) über das Bild gelegt werden können (siehe Beispiel in Abbildung 2.2). Die örtliche Position der beschriebenen Einrichtungen wird dabei relativ zu einer Referenzkoordinate angegeben. Unterstützungssysteme für die Berichterstellung an einem Rechnersystem helfen dabei, diese Berichtstruktur und das vereinheitlichte Vokabular einzuhalten. Der Bildauswerter wählt dazu die beschreibenden Vokabeln aus einer Liste oder einem Taxonomiebaum zur Übernahme in die Berichtsschablone aus. Ein Beispiel dafür ist die Software i2exrep [Pfirrmann, 2008].

Um das Bild nicht mit Textelementen zu überlasten, vergibt der Bildauswerter Kürzel, auf die im Textteil des Berichts verwiesen wird. Dort findet der Empfänger die entsprechende detaillierte Beschreibung des Objekts. Da der Textteil und das annotierte Bild mit Hilfe unterschiedlicher Software erstellt wird, muss der Bezug zwischen der detaillierten Beschreibung und der Beschriftung im Bild bisher von Hand gepflegt werden, was zu Fehlern führen kann. Dieser Prozess kann also durch eine Integration von Bilddarstellung und Berichterstellung verbessert werden.

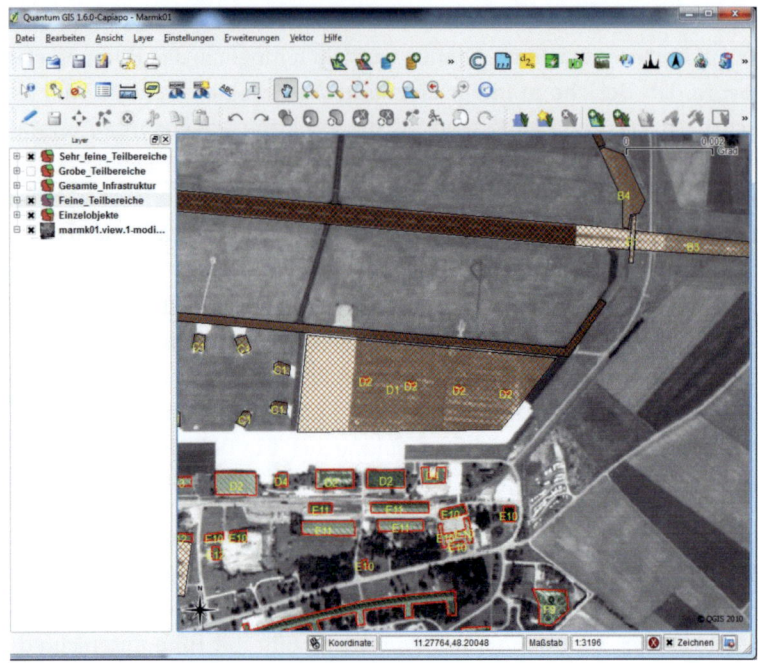

Abbildung 2.2

Interaktive Bildauswertung mit Quantum GIS.

2.1.3 Interaktive Objekterkennung

Im Gegensatz zu vielen Anwendungen der Fernerkundung, in denen es
meist um eine Beschreibung der Landbedeckung und ihrer Eigenschaften geht (z.B. Ackerland, Wald, bebautes Gebiet und entsprechende
Eigenschaften wie die Baumarten des Waldes), hat die Aufgabe, einzelne Objekte in Luftbildern zu erkennen und zu beschreiben gerade bei
der militärischen Aufklärung eine hohe Bedeutung. Grund dafür ist,
dass aus der Bestimmung der Typenbezeichnung (z.B. eines Fahrzeugs) direkte Rückschlüsse auf die Fähigkeiten des Fahrzeugs (z.B.
Geschwindigkeit und Reichweite) gezogen werden können. Besonders
bei mobilen Objekten muss der Bildauswerter häufig innerhalb von
Minuten die in einem Bild sichtbaren Objekte erkennen und beschrei-

ben können, um aufgrund dieser Informationen rechtzeitig angemessene Maßnahmen einzuleiten. Eine umfangreiche Recherche, beispielsweise nach in Frage kommenden Typen von Landfahrzeugen in einem Handbuch ist in diesem Fall nicht möglich. Für diese Aufgabe erhalten die Bildauswerter ein spezielles Training, so dass sie die Erkennung ohne Hilfsmittel durchführen können.

Um eine schnelle Erkennung auch für einen unerfahrenen oder in der Ausbildung befindlichen Bildauswerter zu ermöglichen, bieten Unterstützungssysteme für die interaktive Objekterkennung die Möglichkeit, interaktiv die Menge der in Frage kommenden Objekttypen anhand von charakteristischen Objektmerkmalen einzuschränken. Das System enthält dazu einen umfassenden Objekttypenkatalog, in dem jeder Objekttyp mit einem Profil (Referenzbilder, Zeichnungen, Beschreibungen) beschrieben ist und in dem die charakteristischen Merkmale der Objekttypen hinterlegt sind. Anhand der Referenzbilder können die in Frage kommenden Objekttypen direkt mit der Objektsignatur im Bild abgeglichen werden und so rasch eine zuverlässige Entscheidung getroffen werden.

Ein Beispiel für ein solches System ist RecceMan® (Reconnaissance Manual) [Geisler et al., 1999]. Die möglichen Objektmerkmale sind in einem Taxonomiebaum angeordnet, durch den anhand der textuellen Beschreibung oder durch eine grafische Repräsentation der Begriffe (Icons) navigiert werden kann (siehe Abbildung 2.3). Für jede Domäne (z.B. Landfahrzeuge, Schiffe, Flugzeuge) existiert ein eigenes Objektmerkmalsystem. Den Objekttypen ist jeweils eine Menge von Objektmerkmalen zugewiesen. Durch interaktives Bestätigen oder Verwerfen von Objektmerkmalen kann der Bildauswerter die Menge der in Frage kommenden Objekttypen einschränken. Da die Menge der Merkmale sehr groß sein kann, bietet RecceMan außerdem Hilfestellung bei der Auswahl von Merkmalen. Merkmale, die für die Reduktion der verbleibenden Objekttypen besonders effektiv sind, sind hervorgehoben. Dabei kommt ein Verfahren zur Bestimmung des maximalen Informationsgewinns zum Einsatz [Bauer und Geisler, 2009]. Ein Verfahren zur

Berücksichtigung von Unsicherheit bei der Merkmalbestimmung stellt zudem sicher, dass der gesuchte Objekttyp mit hoher Wahrscheinlichkeit in der Menge der in Frage kommenden Objekttypen verbleibt, auch wenn die Merkmale des Objekts nicht mit denen des korrekten Objekttyps übereinstimmen. Dies kann vorkommen bei Fehlern während der Erstellung der Merkmalzuordnungen, bei Fehlinterpretationen durch den Bildauswerter oder wenn bauliche Modifikationen am untersuchten Objekt selbst durchgeführt wurden [Bauer, 2010].

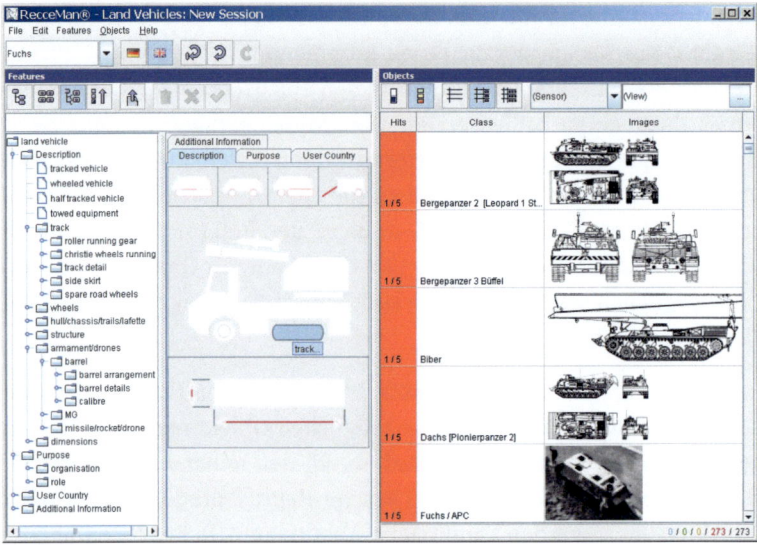

Abbildung 2.3

Bildschirmfoto der Benutzeroberfläche von RecceMan.

Vergleichbare Systeme legen einen stärkeren Fokus auf die Kombination von automatischen Verfahren zur Objekterkennung und interaktiven Ansätzen. Das System CAVIAR [Evans et al., 2005] extrahiert Objektmerkmale (Silhouette, Farbhistogramm und Textur) automatisch aus dem Bild, um eine Vorklassifikation durchzuführen, die vom Benutzer anschließend durch interaktiv bestimmte Merkmale verfeinert werden kann. Einen ähnlichen Ansatz verfolgt das System KEOD

[Mooshage et al., 2007], das die durch automatische Verfahren oder interaktiv durch den Benutzer extrahierte Silhouette eines Schiffs mit vorhandenen 3D-Modellen der Schiffsklassen abgleicht. Im Gegensatz zu RecceMan sind diese domänenspezifisch konzipiert und können daher nicht ohne weiteres auf neue Domänen übertragen werden.

2.1.4 Halbautomatische Objektextraktion

Objekte im Luftbild zu entdecken und deren Silhouette zu extrahieren ist sowohl im Bereich der Fernerkundung als auch in der abbildenden Aufklärung eine wichtige Teilaufgabe. In der Fernerkundung dient sie der Erstellung von Karten, z.B. durch Extraktion von Straßennetzen und Gebäudegrundrissen. Für die Aufklärung sind diese Verfahren besonders zur Detektion von baulichen Veränderungen interessant.

Die automatische Extraktion von Gebäuden aus Luftbildern wird bereits seit den 80er Jahren verfolgt (z.B. Gebäudeextraktion von [Huertas und Nevatia, 1988]). Die Dissertation von [Mayer, 1999] gibt einen umfassenden Überblick über Verfahren zur Gebäudeextraktion und zeigt bis dahin ungelöste Probleme auf. Einige diese Verfahren sind heute als Teil von kommerziellen Systeme zur halbautomatischen Bildanalyse im Handel verfügbar (z.B. eCognition® von Trimble oder Imagine Objective von ERDAS Inc.). Um eine akzeptable Qualität zu erreichen, müssen die extrahierten Vektordaten jedoch immer noch von einem Bildauswerter nachbearbeitet werden. Durch Fusion von konventionellen Luftbildern mit zusätzlich aufgenommen LIDAR-Daten lässt sich die Robustheit verbessern [Sohn und Dowman, 2007]. LIDAR (Light detection and ranging) ist ein Verfahren zur Abstandsmessung mittels Laserstrahlen ähnlich zu RADAR, mit dem die Topologie der Erdoberfläche erfasst werden kann. Jedoch kommen auch diese Verfahren bei anspruchsvollen Anwendungen (z.B. der Erstellung von 3D-Stadtmodellen) nicht ohne manuelle Nachbearbeitung aus.

Im halbautomatischen Modus haben Verfahren zur Detektion von Fahrzeugen in großflächigen Bildern auch im militärischen Umfeld einen Platz gefunden. Sie werden verwendet, um Luftbilder von großflächigen Gebieten auf Fahrzeuge abzusuchen (Screening). Eine Studie von [Berger et al., 2004] zeigt, dass die Leistung des Bildauswerters bei der Entdeckung von Objekten durch die Anwendung solcher Verfahren unter bestimmten Voraussetzungen erhöht werden kann (ausreichende Robustheit der Verfahren in Bezug auf Detektions- und Falschalarmrate).

Ein weiteres Beispiel für die automatische Objektextraktion, neben der Gebäude- und Straßenextraktion und der Detektion von Fahrzeugen, ist die Extraktion von Start-/Landebahnen in Luftbildern von Flugplätzen. Selbst bei der sehr markanten und großflächigen Signatur von Start-/Landebahnen kann eine fehlerfreie Extraktion aus optischen Luftbildern nicht garantiert werden. [Huertas et al., 1990] zeigt deutlich die Herausforderungen bei dieser Aufgabe auf. In [Bauer, 2006] wurde die Extraktion von Start-/Landebahnen aus SAR-Bildmaterial untersucht (siehe Beispiel in Abbildung 2.4) und gezeigt, dass die erzielbare Erkennungsrate in diesem Fall für eine halbautomatische Extraktion, geeignet ist. Anders als in visuell-optischen Aufnahmen heben sich in SAR-Bildern Start-/Landebahnen durch eine niedrige Rückstreuung deutlich von der Umgebung ab.

Abbildung 2.4

Automatische Extraktion von Start-/Landebahnen.

2.1.5 Zusammenfassung

Mit dem Einzug von Rechnersystemen in die Bildauswertung sind verschiedene Unterstützungssysteme entstanden, die dem Bildauswerter die Arbeit bei bestimmten Teilaufgaben erleichtern und über die domänenunabhängige Funktionalität eines Raster-GIS hinausgehen. Dies sind insbesondere die Berichterstellung, die Objekterkennung, die Objektextraktion sowie die Recherche nach Referenzmaterial. Der überwiegende Teil der existierenden Systeme zur Unterstützung ist dabei nicht mit dem Raster-GIS zur Bilddarstellung oder mit anderen Unterstützungssystemen integriert, so dass häufig Daten zwischen den Systemen manuell übertragen werden müssen. Für die Bildauswertung bei komplexen Szenen existieren lediglich Unterstützungssysteme, die bei der Berichterstellung und der Recherche nach Referenzmaterial unterstützen. Die eigentliche Kernaufgabe der Bildauswertung wird für diese Domänen bisher von keinem System unterstützt.

2.2 Automatisierte Bildauswertung (Bildverstehen)

Bildverstehen ist ein Teilgebiet der künstlichen Intelligenz und beschäftigt sich damit, das Sehvermögen biologischer Systeme zu verstehen und diese Fähigkeiten durch Nachbildung in maschinellen Systemen für die Lösung technischer Probleme nutzbar zu machen [Neumann, 2003]. Die technische Anwendung der Algorithmen des Bildverstehens in der Bildauswertung wird unter dem Begriff automatisierte Bildauswertung zusammengefasst.

Den Zusammenhang zwischen der Erforschung des menschlichen Sehens und der visuellen Informationsverarbeitung in einem Computersystem stellte zuerst David Marr her, dessen Modell erstmals das Sehen als Informationsverarbeitungsprozess beschreibt. Dieser Prozess kann nach Marr sowohl im Gehirn eines biologischen Systems als auch in einem technischen System ablaufen. Die Zielsetzung des Systems (computational level), die zum Einsatz kommenden Algorithmen (algorithmic level) und die physikalische Umsetzung (implementational level) können sich dabei jedoch grundlegend unterscheiden [Marr, 1982].

Ebenso wie die Funktionsweise des menschlichen Sehens und die im Gehirn ablaufenden Prozesse des Sehens heute wenig verstanden sind, sind die heute verfügbaren technischen Systeme bei weitem nicht in der Lage, die Fähigkeiten des menschlichen Sehens nachzubilden. Für einige spezielle Anwendungen werden maschinelle Sehsysteme jedoch schon erfolgreich eingesetzt, z.B. in der industriellen Produktion zur Prozessautomatisierung und Qualitätsprüfung, zur Zeichenerkennung oder bei der medizinischen Bildanalyse.

Das Bildverstehen grenzt sich von anderen Problemen der künstlichen Intelligenz durch die Zielsetzung ab, eine Szene anhand von Bildern rekonstruieren und deuten zu können [Neumann, 2003]. Um von der digitalen Repräsentation eines Bilds in Form einer Matrix von Pixeln, die Helligkeit und Farbe von Bildpunkten repräsentieren, zur Ausgabe einer semantischen Szenenbeschreibung zu gelangen, erzeugen und verarbeiten diese Algorithmen Zwischenergebnisse auf unterschiedlichen Abstraktionsebenen. Abbildung 2.5 illustriert einen konzeptuellen Rahmen für diese Abstraktionsebenen und setzt sie in Bezug zu den Verarbeitungsprozessen (rechts) und den für die Verarbeitung notwendigen Wissensarten (links).

Klassisch werden die folgenden Zwischenschritte unterschieden: Algorithmen zur Segmentierung überführen das Bild in eine einfachere Repräsentation, in dem sie Bildelemente wie z.B. homogene Bereiche oder Kanten extrahieren. Diese Bildelemente werden zu Szenenelementen zusammengefasst (z.B. 3D-Oberflächen, Konturen, Volumina). Durch Klassifikation der Szenenelemente anhand von Objektmodellen entsteht eine Beschreibung der in der Szene vorhandenen Objekte. Objekt- und zeitübergreifende Zusammenhänge zu erkennen und zu analysieren ist Aufgabe von Algorithmen der höheren Bilddeutung [Neumann, 2003]. Sie dienen zur Erkennung von Vorgängen, Situationen und charakteristischen Objektkonfigurationen.

Zur Umsetzung der Verarbeitungsprozesse und zur Repräsentation des notwendigen Vorwissens kommen sehr unterschiedliche Ansätze zum Einsatz. Neue Strömungen aus dem Bereich der Mustererkennung (z.B.

künstliche neuronale Netze), der künstlichen Intelligenz und aus anderen Anwendungsbereichen (z.B. formale Sprachen und Markow-Modelle aus dem Bereich der Spracherkennung) haben einen starken Einfluss auf die verwendeten Algorithmen. Moderne Algorithmen lösen mehr und mehr die klassische Aufteilung der Verarbeitung anhand der Abstraktionsebenen auf und vermeiden dabei den Informationsverlust durch harte Entscheidungen beim Wechsel der Abstraktionsebenen. Neben dem klassischen Informationsfluss vom Bild zur abstrakteren Beschreibung (Bottom-Up) kombinieren sie diesen zusätzlich mit einer erwartungsgetriebenen Vorgehensweise. Hypothesen über die Beschreibung der Szene lösen dabei erst die Verarbeitungsschritte auf niedrigeren Abstraktionsebenen aus, um anhand von Indizien diese Hypothesen im Bild zu bestätigen oder zu verwerfen (Top-Down). Die folgenden Kapitel geben einen Überblick über populäre Algorithmen in grober chronologischer Reihenfolge dieser Entwicklungen.

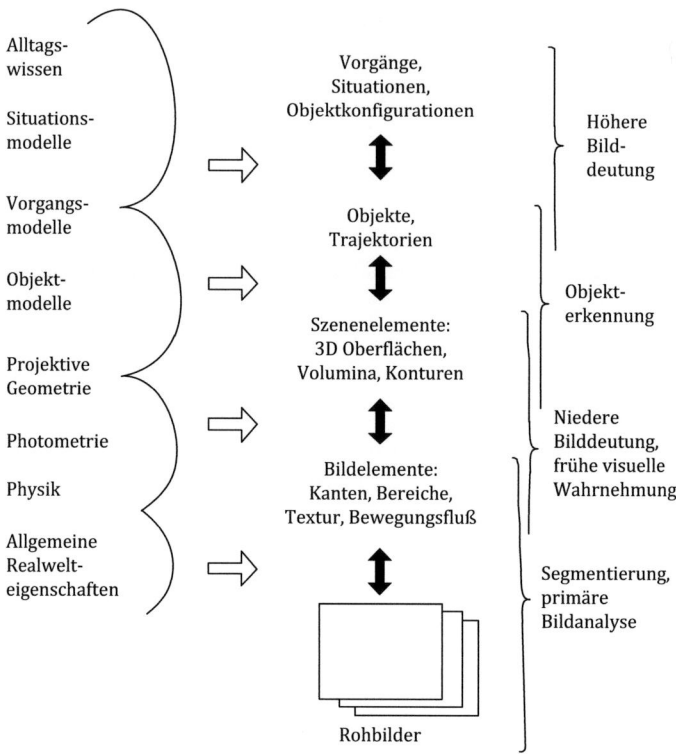

Abbildung 2.5

Konzeptueller Rahmen für das Bildverstehen (modifiziert nach [Neumann, 2003]).

2.2.1 Wissensbasierte Systeme

Wissensbasierte Systeme sind Informationssysteme, die Wissen explizit mit Hilfe von Methoden der Wissensrepräsentation abbilden und für die Lösung einer Aufgabe anwenden. Diese Disziplin unterscheidet dabei zwischen deklarativen Wissen (Fakten über die Wissensdomäne) und prozeduralem Wissen (Abläufe und Operationen, die zur Lösung der Aufgabe notwendig sind). Eine typische Methode zur Wissensrepräsentation sind Produktionsregeln [Bibel, 1993]. Produktionsregeln sind Anweisungen in der Form

wenn <Bedingungen> **dann** <Aktionen>.

Bedingungen beschreiben Systemzustände, bei deren Eintreten die Regel und die damit verbundenen Aktionen ausgeführt werden sollen. Der Systemzustand wird dabei in Form von Attribut/Wert-Elementen im Arbeitsspeicher abgelegt, die ähnlich zu Prädikaten aus der Prädikatenlogik dargestellt werden. Aktionen manipulieren den Systemzustand, in dem sie solche Elemente hinzufügen, löschen oder verändern. In der Software CLIPS[4], einer Sprache für Produktionssysteme, kann eine Regel zur Erkennung eines Hallenvorfelds (Apron) vor einer Flugzeughalle (Hangar) auf einem Flugplatz beispielsweise folgendermaßen abgebildet werden:

```
(defrule rule1
  (class ?object1 hangar)
  (appearance ?object2 paved_area)
  (near ?object1 ?object2)
  =>
  (assert (class ?object2 apron))
```

In den 80er Jahren entstand mit MYCIN eines der populärsten Produktionssysteme, dass für die medizinische Diagnose entwickelt wurde [Buchanan, 1984]. MYCIN ist als eines der ersten Systeme in der Lage, Unsicherheiten in Regeln und Zustandselementen durch sogenannte Zuverlässigkeitsfaktoren zu repräsentieren. Eines der ersten Systeme zur automatischen Luftbildauswertung auf Basis von Produktionsregeln [Nagao et al., 1979] segmentiert und klassifiziert Regionen in einer multispektralen Luftbildaufnahme anhand der Klassen: bebaute Ackerfläche, unbebaute Ackerfläche, Fahrzeug, Grasfläche, Straße, Wald, Fluss und Gebäude. Das System teilt das Bild anhand der spektralen Eigenschaften in homogene Regionen und legt diese als Fakten in

---

[4] CLIPS: C Language Integrated Production System

einem Blackboard ab. Das Blackboard dient als gemeinsamer Arbeitsspeicher für mehrere Teilsysteme, die als parallele Prozesse auf unterschiedlichen Prozessoren laufen können und damit eine Parallelisierung der Verarbeitung ermöglichen. Jedes Teilsystem ist für die Erkennung einer bestimmten Objektklasse zuständig und bildet die
Merkmale der Klasse (z.B. Formmerkmale, Größe, Histogrammeigen-
schaften, topologische Relationen zu anderen Regionen) in Form von
Produktionsregeln ab. Die Teilsysteme wenden ihre Produktionsregeln
auf die Fakten des Blackboards an und schreiben die Ergebnisse der
ausgeführten Regeln zurück. Zwischenergebnisse, die von einem Teilsystem erzeugt werden, können dadurch von anderen Teilsystemen
weiterverwendet werden. Das Teilsystem zur Erkennung von Fahrzeugen greift beispielsweise auf die Zwischenergebnisse des Teilsystems
zur Erkennung von Straßen zurück, um auszuschließen, dass Regionen
außerhalb von Straßen als Fahrzeuge klassifiziert werden.

Da die Rechner zur Zeit der Entwicklung dieser Systeme eine sehr
niedrige Verarbeitungskapazität haben, ist das Thema Parallelisierung
und damit die Verteilung der Informationsverarbeitung auf mehrere
Teilsysteme sehr prominent. Die Kopplung von Teilsystemen über eine
Blackboard-Architektur erleichtert das Parallelisieren von Teilprozessen, erfordert jedoch aufwendige Kontrollmechanismen, um Rück-
kopplungen und Endlosschleifen zu vermeiden.

Dass die Repräsentation und Anwendung von Vorwissen (Wissen, dass
bereits vor der ersten Bearbeitung des zu interpretierenden Bildes im
System vorhanden ist) für die automatisierte Bildauswertung essenti-
ell ist, wird bereits bei [Nagao et al., 1979] deutlich. Besonders effektiv
erweist sich dabei Vorwissen über typische räumliche Anordnungen
der Regionen bestimmter Klassen. Die Repräsentation durch Produktionsregeln ist jedoch bei komplexeren Domänen unhandlich, da die
Abhängigkeiten der Regeln untereinander nur noch schwer zu überbli-
cken sind. Frames, als Alternative zu Produktionsregeln, erlauben es,
analog zur objektorientierten Programmierung, zusammengehörenden
Eigenschaften (Slots) zu einem Konstrukt (Frame) zusammenzufassen.

Diese Methode zur Wissensrepräsentation kommt z.B. bei dem System ACRONYM [Brooks, 1981] zum Einsatz. ACRONYM ist in der Lage, Konfigurationen von 3D Elementen als zusammenhängende Objekte zu klassifizieren. Die Wissensrepräsentation erfolgt durch Frames, die durch Teil-von-Relationen und Vererbungsrelationen miteinander in Beziehung stehen, wie z.B. die folgenden Frames zur Definition eines Jet-Flugzeugs:

> **(define object JET-AIRCRAFT having**
> **subpart FUSELAGE**
> **subpart PORT-WING**
> **subpart STARBOARD-WING)**

> **(define object FUSELAGE having**
> **cone-descriptor FCONE**
> **subpart PORT-STABILIZER**
> **subpart RUDDER)**

Das System SPAM [McKeown et al., 1985] verwendet ebenfalls Frames. Es ist ein System zur automatisierten Luftbildauswertung für komplexe Szenen, das am Beispiel von Flugplätzen evaluiert wurde. Es unterscheidet im Vergleich zu ARONYM verschiedene Abstraktionsebenen: Bildregionen, Fragmente (Ansammlungen von Bildregionen) und funktionale Bereiche. Die funktionalen Bereiche beschreiben eine Konfigurationen von Objekten, die zusammen eine gemeinsame Funktion bereitstellen. Sie werden als Liste von Objektklassen im Rechner repräsentiert:

> **Terminal area: terminal, parking apron, parking lots, roads**
> **Road area: roads and grassy areas**
> **Hangar area: hangars, roads, tarmac, and parking apron**
> **Runway area: runways, taxiways, grassy areas, tarmac**

SPAM ist dadurch in der Lage, Objekte nicht nur anhand der Objektsignatur in Gebäude oder Straßen einzuteilen, sondern auch Rückschlüsse über deren Funktion (Hangar oder Terminal) abzuleiten.

Abbildung 2.6

Semantisches Netz zur Repräsentation eines Szenenmodells [Nicolin und Gabler, 1987].

Semantische Netze sind eine weitere Methode zur Wissensrepräsentation, die in einer graphischen Darstellung Begriffe, deren Eigenschaften und Relationen miteinander in Beziehung setzt. In [Matsuyama und Hwang, 1990] werden die durch Frames beschriebenen Objektmodelle und deren Relationen beispielsweise zum besseren Verständnis der Systembeschreibung durch semantische Netze dargestellt. [Nicolin und Gabler, 1987] verwenden semantische Netze zur Modellrepräsentation von Objektkonstellationen in einer Szene (Szenenmodell) durch Teil-von Relationen, Art-von Relationen (Vererbungsrelationen) und räumlichen Relationen (siehe Abbildung 2.6). [Rao, 1988] gibt einen Überblick über die Methoden zur Wissensrepräsentation in wissensbasierten Systemen zur Luftbildauswertung.

Nicht nur die Architektur und die Wissensrepräsentation der automatisierten Bildauswertung entwickeln sich durch wissensbasierte Systeme weiter. Die rein datengetriebene Verarbeitung (Bottom-Up Verarbeitung), beginnend bei der Extraktion von Bildelementen, über die Zusammenfassung zu Szenenelementen bis hin zur Klassifikation von Objekten, wird als limitierender Faktor erkannt. Zum Beispiel ist die korrekte Segmentierung eines Bilds ohne Einbeziehung von Vorwissen über die im Bild vorhandenen Objekte und deren Erscheinung mit den bekannten Methoden zur Segmentierung nicht möglich. In Bildern natürlicher Szenen treten so bei der Segmentierung stets Mischregionen auf oder eigentlich zusammengehörige Regionen werden in mehrere Regionen segmentiert. Die Rekonstruktion von Objekten aus einer mangelhaften Segmentierung ist im Nachhinein sehr schwierig. Dieses Phänomen gilt für alle Abstraktionsebenen bis hin zur höheren Bilddeutung, wo z.B. die Klassifikation von einzelnen Objekten nicht eindeutig ohne Wissen über die Bedeutung der gesamten Szene gelöst werden kann [Neumann, 2003].

Um diese Begrenzung zu überwinden, kombinieren fortgeschrittene Systeme die datengetriebenen Verarbeitung mit einer modellgetriebenen Verarbeitung (Top-Down Verarbeitung), bei der Hypothesen auf einer höheren Abstraktionsebene gebildet werden, um dann gezielt Algorithmen zur Überprüfung der Hypothesen auszuführen, oder diese anhand vorhandener Daten auf niedrigeren Abstraktionsebenen zu bestätigen oder zu verwerfen. Das System SPAM [McKeown et al, 1985] erzeugt beispielsweise Hypothesen für funktionale Bereiche, wenn ein Teil der für einen funktionalen Bereich notwendigen Objekte erkannt wurde (z.B. einen Start-/Landebahnbereich, sobald eine Start-/Landebahn erkannt wurde). Die Entscheidungsschwelle für Regionen, die sich in der Nähe dieser Objekte befinden, sinkt für die Klassifikation der noch fehlenden Objektklassen (z.B. die Entscheidungsschwelle, um eine Straße als Taxiway zu klassifizieren). Werden die fehlenden Objekte daraufhin erkannt, stützen sie gleichzeitig die Hypothese des funktionalen Bereichs. Diese Vorgehensweise („hypothesize-and-test") macht sich auch intensiv das System SIGMA [Matsuyama und Hwang,

1990] zunutze. SIGMA verwendet diese Vorgehensweise ebenso für eine Neusegmentierung des Bildes, sobald für einen Bereich des Bildes erste Hypothesen über die darin befindlichen Objekte entstehen. So können beispielsweise Lücken in der Segmentierung von Straßen im Nachhinein korrigiert werden. Dazu prüft das System im Bild ob mit einer niedrigeren Entscheidungsschwelle Verbindungen zwischen fragmentierten Straßensegmenten plausibel sind und adaptiert die Segmentierung entsprechend.

Eine Wiederverwendung für unterschiedliche Domänen wird bereits in frühen Systemen angestrebt [Draper et al., 1989]. Der überwiegende Teil der Informationsverarbeitung ist dabei jedoch immer noch durch domänenspezifische Heuristiken in Produktionsregeln abgebildet und ist damit nicht auf neue Domänen übertragbar. Diese Systeme decken jedoch bereits die besonderen Herausforderungen des Bildverstehens auf, die auch heute noch nicht abschließend gelöst sind:

- Repräsentation und Nutzung von Vorwissen über die Szenendomäne

- Auflösung von Mehrdeutigkeiten auf niedrigen Ebenen des Bildverstehens durch Top-Down Verarbeitung

- Repräsentation und Verarbeitung von Unsicherheit

Eine detaillierte Analyse der Leistungen und Grenzen wissensbasierter Systeme für die automatisierte Bildauswertung findet sich in [Crevier 1997].

2.2.2 Ontologien und Beschreibungslogik

Der Begriff Ontologie beschreibt ursprünglich die philosophische Disziplin der Lehre vom Seienden [Brockhaus, 1984]. Sie diskutiert die Existenz von Entitäten (z.B. von Gegenständen, Eigenschaften und Prozessen) sowie Begriffssysteme, die diese Dinge näher beschreiben. Im Kontext der Informatik definiert eine Ontologie explizit die in einem technischen System und dessen Anwendungsdomäne verwendeten

Begriffe und deren Bedeutung. Eine Ontologie soll dabei die Kommunikation zwischen Menschen und Computern verbessern [Jasper und Uschuld, 1999]. Zur Formalisierung von Ontologien dienen Ontologiesprachen, die meist den in Abschnitt 2.2.1 beschriebenen Frames sehr ähneln. Verschiedene Varianten der Beschreibungslogik geben dieser Art von Wissensrepräsentation jedoch eine neue Qualität, denn sie erlauben automatisches Schlussfolgerungen und Konsistenzprüfung (Ontology Reasoning). Die heute am meisten verbreitete Ontologiesprache Web Ontology Language (OWL) definiert die folgenden Sprachkonstrukte [W3C OWL2, 2011]:

*   **Individuen** (Instanzen) repräsentieren physikalische Objekte, Prozesse und Zustände der realen Welt.

*   **Konzepte** (Klassen) definieren Mengen von Individuen, z.B. die Menge aller Fahrzeuge.

*   **Attribute** beschreiben die Eigenschaften von Individuen, z.B. die Länge eines Fahrzeugs.

*   **Relationen** beschreiben Beziehungen zwischen mehreren Individuen.

*   Durch **Axiome** werden zusätzliche Randbedingungen definiert, z.B. wie einzelne Konzepte untereinander in Beziehung stehen oder welche Eigenschaften alle Individuen eines Konzepts erfüllen müssen.

Die Ontologiesprache OWL ist ein Standard des W3C Konsortiums, mit dem Ziel, die semantische Interoperabilität zwischen Diensten im World Wide Web zu verbessern. Sie hat führt nicht nur zu einem verstärkten Einsatz von Ontologien im Bereich der Softwareentwicklung und der Systemarchitekturen, sondern rückt auch wissensbasierte Ansätze wieder in den Vordergrund. In Systemen zur Bildauswertung und bei Ansätzen zur Automatisierung der Bildauswertung taucht der Begriff Ontologie immer wieder auf, wobei diese Technologie in sehr unterschiedlichen Anwendungsfällen genutzt wird:

- **Kommunikation zwischen Personen:** Durch die explizite Definition des verwendeten Fachvokabulars in einer Arbeitsgruppe können Missverständnisse reduziert und der Einstieg für neue Mitglieder erleichtert werden. Die Ontologie besteht in diesem Fall aus einem Dokument, das die Begriffe durch für den Menschen verständliche Definitionen voneinander abgrenzt (Glossar, Taxonomie). Sie ist nicht für die Verarbeitung im Rechner ausgelegt. Ein Beispiel aus der Bildauswertung ist der in Abschnitt 2.1.1 beschriebene NATO-Standard ATP-26, der die Begriffe zur Beschreibung eines Luftbilds in einem Auswertebericht festlegt.

- **Interoperabilität zwischen Computersystemen:** Eine Ontologie definiert in diesem Anwendungsfall das Austauschformat zwischen Softwaresystemen, die bisher unterschiedlichen Datenmodelle verwenden. [Bauer und Peinsipp-Byma, 2008] schlagen eine solche Ontologie für die Kopplung eines Unterstützungssystems mit Bildauswertesystemen vor. [Schönbein, 2006] benutzt eine Ontologie als Grundlage für eine agentenbasierte Systemarchitektur für Bildauswertesysteme.

- **Technisches Hilfsmittel bei der Systementwicklung:** Eine Ontologie hilft bei der Erstellung der Systemanforderungen und der Systemspezifikation oder sie unterstützt die Suchfunktion des Systems, indem sie ein einheitliches Datenformat für Meta-Daten von Dokumenten definiert. [Mareth et al., 2010] definieren beispielsweise eine Ontologie auf Basis von OWL zur Annotation von Lerneinheiten in einem eLearning-System. Auf Grundlage der Ontologie können Unterstützungssysteme mit eLearning-Systemen integriert werden, so dass während der Bildauswertung aufgaben- und benutzeradaptiv Lerneinheiten innerhalb des Unterstützungssystems angeboten werden können.

- **Wissensrepräsentationsform zur semantischen Informationsverarbeitung in wissensbasierten Systemen:** Mit Hilfe der Theorie der Beschreibungslogik lassen sich Konzepte einer Ontologie (in diesem Fall Konzepte genannt) durch notwendige und hinreichende Bedingungen definieren. Die Beschreibungslogik ist eine entscheidbare Untermenge der Prädikatenlogik erster Ordnung und erlaubt verschiedene automatische logische Schlussfolgerungen. Typische Schlussfolgerungen sind z.b. die automatische Klassifikation von Individuen anhand der vorhandenen Konzepte und deren Axiome. [Maillot et al., 2004] definieren eine Ontologie zur Beschreibung von Bildern anhand von geometrischen Konzepten, topologischen Relationen und Bildmerkmalen, mit dem Ziel, diese als Grundlage für eine wissensbasierte Bildklassifikation zu nutzen. [Neumann und Möller, 2008] widmen sich intensiv der Anwendung von Ontologien und der Beschreibungslogik in der höherliegenden Bilddeutung. Sie nutzen die Beschreibungslogik zur Beschreibung von Objekttypen, deren erwarteten Eigenschaften, aber auch von Objektkonfiguration durch die Einführung einer Teil-von Relation. An einem vereinfachten Beispiel zeigen sie, wie sich Schlussfolgerungsalgorithmen für die höherliegende Bilddeutung anwenden lassen. Beschreibungslogiken erlauben jedoch lediglich deduktive Schlussfolgerungen, bei der alle notwendigen und hinreichenden Bedingungen erfüllt sein müssen. Die Aufgabe der Bildauswertung ist hingegen inhärent mit einem hohen Maß an Unvollständigkeit und Unsicherheit verbunden. Daher ist die Leistungsfähigkeit dieser Technologie begrenzt. Um diese Begrenzung zu überwinden, schlagen [Neumann und Möller, 2008] zur Abhilfe die zusätzliche Einführung von Regeln ähnlich wie bei den wissensbasierten Systemen oder die Kombination mit probabilistischen Methoden vor (z.B. Bayes-Netze, siehe Abschnitt 2.2.4).

2.2.3 Graph-Matching und Relaxation Labeling

Relationale Strukturen bilden eine wichtige Grundlage für die Repräsentation von Fakten auf den unterschiedlichen Abstraktionsebenen der automatisierten Bildauswertung, da stets Beziehungen zwischen Regionen, Objekten und Objektkonstellationen eine Rolle spielen. Graphen können solche Strukturen sehr effizient abbilden. Sie begegnen uns auch im Alltag: Öffentliche Verkehrsnetze werden z.B. durch Graphen abgebildet. Knoten repräsentieren dabei Haltestellen und Kanten die entsprechenden Verkehrsverbindungen zwischen den Haltestellen. Um Knoten und Kanten durch zusätzliche Eigenschaften näher zu beschreiben, werden in der Mustererkennung attributierte relationale Graphen (ARG) verwendet [Jiang und Bunke, 2008].

Definition 10 (Attributierter relationaler Graph). *Ein attributierter relationaler Graph (ARG) ist ein 4-tupel* $g = (V, E, \alpha, \beta)$, *wobei gilt:*
- *V ist die beschränkte Menge der Knoten*
- $E \subseteq V \times V$*ist die Menge der Kanten*
- $\alpha : V \rightarrow L_V$ *ist eine Funktion, die den Knoten Attribute zuordnet*
- $\beta : E \rightarrow L_A$ *ist eine Funktion, die den Kanten Attribute zuordnet.*

[Eshera und Fu, 1986] verwendeten ARGs zur Erkennung von Objekten aufgrund extrahierter Liniensegmente und ihren Verbindungspunkten. Sie wenden diesen Ansatz auf ein SAR-Bild zur Detektion eines Flugplatzes an. Die zu erkennenden Objekte sind als einzelne ARGs modelliert. Jedes Liniensegment entspricht einem Knoten des ARG. Die Knoten derjenigen Liniensegmente, die aneinander angrenzen, erhalten eine gemeinsame Kante. Als Attribut erhält die Kante den Winkel wischen den angrenzenden Liniensegmenten. Das System erkennt Objekte durch Suche nach Objektmodell-ARGs als Teilgraph eines ARGs, der aus dem auszuwertenden Bild extrahiert wird. Dieser und ähnliche Ansätze zur Mustererkennung mit Hilfe von Teilgraphen sind Bestandteil der Disziplin Graph-Matching.

[Dillon und Caelli, 1998] verwenden ARGs zur Repräsentation von Bildsegmenten und deren räumlichen Beziehungen in einem System zur automatisierten Bildauswertung. Mit Hilfe von Graph-Matching vergleicht das System Modell-ARGs mit dem Bild-ARG. Die Modell-ARGs entstehen durch Anwendung von Produktionsregeln. Das System modifiziert den Modell-ARG mit Hilfe der Produktionsregeln, bis eine gute Übereinstimmung zwischen Modell-ARG und Bild-ARG erreicht ist. Das System ist in der Lage, aus synthetischen Luftbildern von Flugplätzen korrekte semantische Szenenbeschreibung zu bestimmen.

Die hier vorgestellten Systeme verwenden Relaxation Labeling [Christmas et al., 1995] zum Ablgeich von Modell-ARGs mit dem Bild-ARG. Ein „Labeling" bezeichnet dabei die Zuordnung eines Modell-Knoten zu einem Bild-ARG. Knoten- und Kantenattribute sowie die Struktur der beiden Graphen müssen nicht exakt übereinstimmen. „Relaxation" beschreibt dabei den Ansatz, den Abgleich als kontinuierliches Optimierungsproblem zu formulieren, in der vollständige Übereinstimmung das globale Minimum darstellt. Lokale Optimierung führt dann zu einer Lösung, die auch bei lediglich partieller Übereinstimmung der beiden ARGs eine Zuordnung zwischen Modell-Knoten und Bildknoten findet. Neben dem Vorteil, in kurzer Zeit Näherungslösungen für das NP-vollständige Problem des Graph-Matchings zu finden, kommt diese Methode auch mit Fehlern in der Modellierung oder bei der Extraktion des Bild-ARGs zurecht. In dieser Arbeit findet Relaxation Labeling für die Modellierung von räumlichen Relationen zwischen Objekten Verwendung. Abschnitt 4.3 führt dazu zwei Varianten des Relaxation Labeling im Detail ein.

2.2.4 Probabilistische Graphische Modelle

Probabilistische Graphische Modelle (PGM) kombinieren die Vorteile der Graphentheorie bei der Repräsentation von relationalen Strukturen mit der Wahrscheinlichkeitstheorie und deren Fähigkeiten zur Repräsentation von Unsicherheit [Koller und Friedman, 2009]. Ein PGM beschreibt eine Wahrscheinlichkeitsverteilung über eine Menge von Zufallsvariablen mit Hilfe eines Graphen, der die Zufallsvariablen durch Knoten, und deren direkten Abhängigkeiten als Kanten repräsentiert. Durch die explizite Modellierung der direkten Abhängigkeiten können diese Verteilungen sehr kompakt dargestellt und die Anzahl der zu bestimmenden Modellparameter verringert werden.

Da ein PGM die Verbundwahrscheinlichkeit eines durch Zufallsvariablen aufgespannten Zustandsraums eindeutig repräsentiert, bietet es außerdem sehr leistungsfähige Möglichkeiten zur Schlussfolgerung (Inferenz). Beispielsweise kann die Wahrscheinlichkeitsverteilung einer unbeobachteten Zufallsvariablen des PGM jederzeit in Abhängigkeit von den Beobachtungen anderer Zufallsvariablen des PGM bestimmt werden. Die ist auch möglich, wenn nur ein Teil der Zufallsvariablen beobachtet wurde (Marginalisierung). Dies ist ein entscheidender Vorteil von PGM gegenüber wissensbasierten Systemen auf Basis von Produktionsregeln (siehe Abschnitt 2.2.1), bei denen die Bedingungen der Regel immer vollständig erfüllt sein müssen, um neue Fakten ableiten zu können. Mit Hifle von PGMs können Aussagen getroffen werden, selbst wenn nur unvollständige oder unsichere Beobachtungen möglich sind.

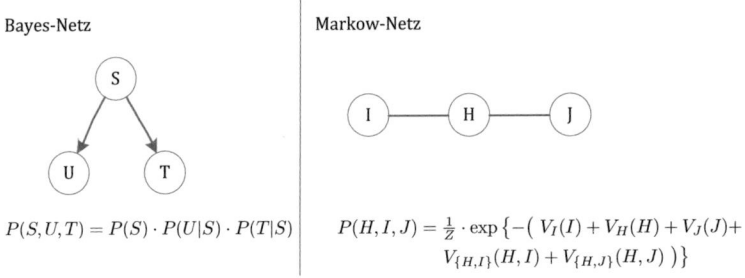

Bayes-Netz   Markow-Netz

$P(S,U,T) = P(S) \cdot P(U|S) \cdot P(T|S)$ $P(H,I,J) = \frac{1}{Z} \cdot \exp\{-(V_I(I) + V_H(H) + V_J(J) +$
$V_{\{H,I\}}(H,I) + V_{\{H,J\}}(H,J))\}$

Abbildung 2.7
Beispiele für probabilistische graphische Modelle.

Die wichtigsten Varianten der PGMs sind Markow-Netze und Bayes-Netze (siehe Beispiele in Abbildung 2.7). Ein Markow-Netz besteht aus einem ungerichteten Graphen. Die Wahrscheinlichkeitsverteilung wird dabei als Produkt von Cliquenpotentialfunktionen V_C dargestellt. Jeder Clique des ungerichteten Graphen ist eine solche Potentialfunktion zugeordnet. Die Potentialfunktion drückt die Abhängigkeit zwischen den Knoten quantitativ aus. Ein Normalisierungsfaktor Z stellt sicher, dass die Summe der Verteilung eins ergibt. Einen breiten Überblick über die Theorie und die Anwendung von Markow-Netzen gibt [Li, 2009]. Bayes-Netze beschreiben die Abhängigkeit der Zufallsvariablen durch einen azyklischen gerichteten Graphen, dessen gerichtete Kanten kausale Zusammenhänge zwischen den Zufallsvariablen abbilden. Die Wahrscheinlichkeitsverteilung ist durch das Produkt von bedingten Wahrscheinlichkeitsverteilungen definiert. Für jeden Knoten mit eingehenden Kanten muss eine bedingte Wahrscheinlichkeitsverteilung angegeben werden, für alle anderen Knoten wird die a priori Wahrscheinlichkeitsverteilung eingesetzt. Abbildung 2.7 zeigt Beispiele von Bayes-Netzen und Markow-Netzen und der jeweiligen Formulierung der Wahrscheinlichkeitsverteilung.

Markow-Netze sind im Bereich Bildverstehen besonders bei der Bildsegmentierung populär [Geman and Geman, 1984]. Die Knoten des Markow-Netzes entsprechen dabei der Segmentklasse (z.B. Himmel, Boden, Strauch) eines Pixels des Bildes, sie sind durch Kanten mit den Knoten benachbarter Pixel verbunden. Zur Segmentierung in möglichst homogene Flächen genügt es, die Potentiale von 2er-Cliquen so zu wählen, dass benachbarte Knoten ein niedriges gemeinsames Potential haben, wenn sie von derselben Segmentklasse sind. Die Potentiale der 1er-Cliquen repräsentieren die Übereinstimmung des Farbwerts des Pixels mit der Segmentklasse. Das Segmentierungsproblem entspricht nun der Suche nach der Belegung mit dem minimalen Potential und damit der maximalen Wahrscheinlichkeit.

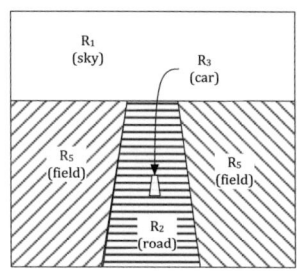 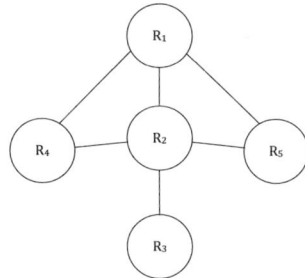

Abbildung 2.8

Bildauswertung mit Markow-Netzen [Modestino und Zhang, 1992].

[Modestino und Zhang, 1992] wenden Markow-Netze erstmals für die automatisierte Bildauswertung an. Die Knoten stehen hier, anstatt für die Klassifikation einzelner Pixel, für die Klassifikation ganzer Bildsegmente, deren Nachbarschaftsrelationen durch ungerichtete Kanten abgebildet werden. Abbildung 2.8 zeigt, wie die Regionen des Bildes in einem Adjazenzgraphen abgebildet werden. Dieser Adjazenz-graph ist zugleich der ungerichtete Graph eines Markow-Netzes. Die eigentliche Wissensrepräsentation erfolgt durch passende Wahl der Cliquenpotentiale. 1er-Cliquenpotentiale repräsentieren die erwarte-ten Merkmale der Regionenklassen. Binäre Relationen wie z.B. räumli-che Relationen sind durch 2er-Cliquenpotentiale abgebildet. Komple-xeres Vorwissen über konsistente Konstellationen von Regionen stel-len Cliquen mit drei oder mehr Knoten dar. Als Grundlage für die Cliquenpotentiale verwendet das System verschiedene Basisfunktio-nen, die stark den Zugehörigkeitsfunktionen aus der Fuzzy-Set Theorie ähneln. Wie bei der Anwendung zur Segmentierung sucht das System die Belegung mit der größten Wahrscheinlichkeit. [Modestino und Zhang, 1992] zeigen anhand weniger Beispiele, dass der Ansatz bei zuverlässiger Segmentierung Regionen wie z.B. Himmel, Straße, Feld und Fahrzeug korrekt klassifizieren kann.

Während Markow-Netze sehr gut zur Repräsentation von Adjazenz-graphen und räumlichen Relationen geeignet sind, lassen sich hierar-chische Beziehungen zwischen Klassen, wie z.B. Teil-von oder Art-von Relationen nicht ohne Erweiterung des Ansatz von [Modestino und Zhang, 1992] abbilden. In dem von [Rimey und Brown, 1994] entwi-ckelten System TEA-1 werden hingegen Bayes-Netze verwendet, um Art-von Relationen mit in die probabilistische Modellierung mit einzu-beziehen. Das Szenenmodell von TEA-1 besteht aus drei verschiedenen Bayes-Netzen, die jeweils Teil-von, Art-von und räumliche Relationen abbilden (siehe dazu Abbildung 2.9 und Abbildung 2.10).

Rimey und Brown verwenden diese Modellierung zur Aufmerksam-keitssteuerung eines Roboters, der die Szene aufgabenorientiert unter-suchen und darauf aufbauend Handlungen ausführen soll. Sie können an einem Laborbeispiel zeigen, dass durch eine aufgabenorientierte Steuerung der Wahrnehmung Ressourcen und Zeit gespart werden kann. Die Szenenmodellierung und die Inferenz durch eine Kombination verschiedener Bayes-Netze sind jedoch problematisch. Jedes der Netze erlaubt zwar die Inferenz über die Knoten des Netzes, es können jedoch auch nur die Fakten (Evidenzen), die in demselben Netz abgebildet ist, für die Inferenz verwendet werden. Um die Inferenz zwischen den Netzen zu konsolidieren, müssen Heuristiken herangezogen werden. Die Struktur des Teil-von Netzes ist statisch. Werden in der Szene unerwartete Objekte oder mehrere Objekte der gleichen Art gefunden, kann dies nicht explizit als Evidenz berücksichtigt werden. Diese Modellierung ist daher nicht ohne weiteres auf reale Szenen übertragbar.

Um die statische Struktur der Bayes-Netze zu überwinden, schlägt [Lueders, 2006] die Modellierung der Szene durch Netzfragmente vor. Diese Netzfragmente werden zu Bayes-Netzen zusammengesetzt und durch das Setzen von Evidenzen auf ihre Wahrscheinlichkeit geprüft. Die Evidenzen werden dazu aus dem Bild extrahiert (z.B. Existenz eines bestimmten Objekts). Die Konstruktion der Bayes-Netze aus den Netzfragmenten und die Suchstrategie erfolgt dabei heuristisch.

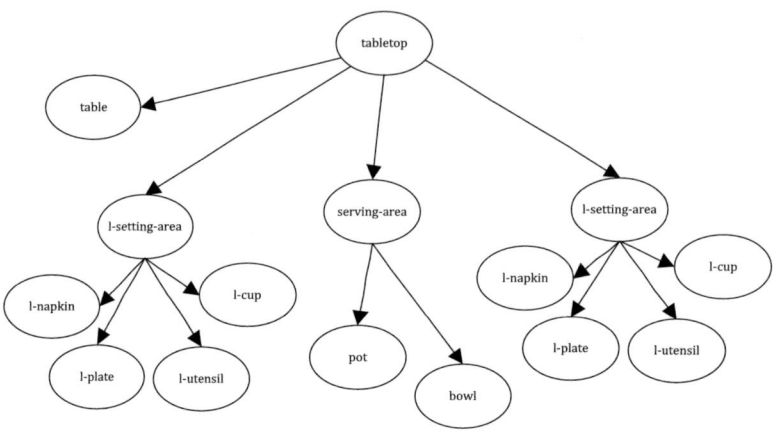

Abbildung 2.9

Beispiel für ein Teil-von Netz des Systems TEA-1.

2.2.5 Generative Modelle und Graphen-Grammatiken

Während erste Ansätze zur automatisierten Bildauswertung auf Basis von wissensbasierten Systemen die semantische Szenenbeschreibung rein datengetrieben (Bottom-Up) aus dem Bild konstruieren, arbeiten fortgeschrittene Systeme ebenfalls mit hypothesengetriebenen (Top-Down) Strategien. Viele dieser Systeme setzen zur Kombination der Strategien domänenspezifische Heuristiken ein, die weder auf andere Domänen übertragbar noch auf einem theoretischen Fundament aufgebaut sind. Inspiriert von Systemen zur natürlichen Sprachverarbeitung mit Hilfe von stochastischen Modellen [Manning und Schütze, 1999] formulieren [Tu et al., 2005] erstmals einen Ansatz zur automatisierten Bildauswertung, der Segmentierung, Objekterkennung und Szenenbeschreibung in einem generativen stochastischen Modell vereint. In diesem Modell sind Top-Down und Bottom-Up Strategien auf einem gemeinsamen theoretischen Fundament möglich.

Ein generatives Modell für die automatisierte Bildauswertung spezifiziert, wie ein Bild I aus einer Szenenrepräsentation $W \in \Omega$ generiert wird. Eine Szenenrepräsentation ist ein Graph mit einer baumartigen Struktur, die die Teil-von Relationen und räumliche Relationen zwischen den erkannten Szenenelementen abbildet. Sie ist sehr ähnlich zu der Repräsentation von Nicolin und Gabler (siehe Abbildung 2.6) oder dem Bayes-Netz von Rimey et al (siehe Abbildung 2.9). Die Blattknoten der baumartigen Struktur bilden aus dem Bild segmentierte Regionen ab. Alle darüber liegenden Knotenebenen stehen für einzelne Objekte oder zusammengesetzte Objekte, die mehrere Bildregionen zusammenfassen. Horizontale Verbindungen zwischen den Knoten einer Ebene sind zulässig, um räumliche Relationen zwischen Szenenelementen abzubilden.

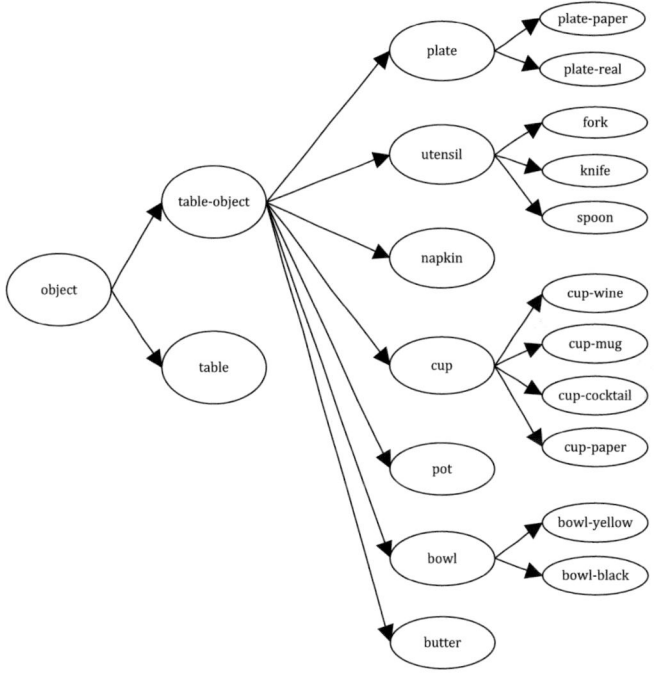

Abbildung 2.10

Ein Bayes-Netz des TEA-1 Systems zur Modellierung von Art-von Relationen.

Die stochastische Modellierung erfolgt durch die Definition einer A-priori-Verteilung $P(W)$, die Vorwissen über die relative Häufigkeit aller möglichen Szenenrepräsentationen beschreibt. Die Abbildungseigenschaften des Sensors und der in der Szene vorkommenden Objekte sind in der Likelihood-Funktion $P(I|W)$ modelliert. Sie gibt an, wie wahrscheinlich das Bild I von einer Szene mit einer gegebenen Szenenrepräsentation W stammt. Um nun im Umkehrschluss die wahrscheinlichste Szenenrepräsentation bei einem gegebenen Bild zu bestimmen, gilt es die A-Posteriori Wahrscheinlichkeit für das gegebene Bild zu maximieren:

$$W^* = \arg \max_W P(W|I) = \frac{P(W)P(I|W)}{P(I)}$$

2.1

$$w \sim P(W|I)$$

2.2

Wird eine bestimmte Menge an Samples erreicht oder ändert sich die maximal aufgetretene A-Posteriori-Wahrscheinlichkeit nicht mehr signifikant, so wird diese Szenenrepräsentation als Näherungslösung übernommen. Um die Konvergenz des Verfahrens zu optimieren, verwenden Tu et al. eine Vorschlagsdichte für das MCMC-Verfahren, die Bildeigenschaften mit einbezieht (auch Data-Driven MCMC genannt). Mit diesem Ansatz ist die Unterscheidung zwischen Top-Down und Bottom-Up Strategien nicht mehr notwendig, da das System Segmentierung, Objekterkennung und Szenenbeschreibung als gemeinsames Schätzproblem formuliert. Dadurch ist das System in der Lage z.B. bei der Gesichtserkennung und Zeichenerkennung bessere Objekterkennungs- und Segmentierungsergebnissen zu liefern [Tu et al., 2005].

[Porway et al., 2008] wenden diesen Ansatz auf die Luftbildauswertung an. Das Modell zur Generierung der Szenenrepräsentationen wird dabei so wie die Szenenrepräsentationen selbst als Graph dargestellt. Sogenannte „And-Nodes" stehen für Szenenelemente, die aus mehreren primitiveren Szenenelementen zusammengesetzt sind und bilden so

Teil-von Relationen ab. „Or-Nodes" drücken aus, dass ein Szenenelement durch mehrere alternative Szenenelemente im Bild vertreten sein kann (z.B. kann ein Gebäude in unterschiedlichen geometrischen Formen im Bild vorkommen).

Um neben der strukturellen Gliederung der Szenenbeschreibung durch „And-Nodes" und „Or-Nodes" auch räumliche Beziehungen darzustellen, verwenden Porway et al. Markow-Netze. Zur Inferenz, d.h. der Bestimmung der Szenenbeschreibung mit der maximalen A-Posteriori Wahrscheinlichkeit, wird ein deterministisches Optimierungsverfahren verwendet, das im Gegensatz zu dem in [Tu et al., 2005] verwendeten stochastischen Sampling zu einem lokalen Maximum konvergieren kann. Zur Evaluierung wenden Porway et al. das Verfahren auf Luftbildszenen in urbanem Gebiet an, und zeigen, dass die Verwendung des Szenenmodells eine signifikante Verbesserung der Qualität der Szenenbeschreibung (Falschalarmrate und Detektionsrate der Objekte) im Vergleich zu einem reinen Bottom-Up Ansatz bringt.

[Lin et al., 2009] verwenden einen ähnlichen Ansatz zur Erkennung von komplexen, aus einzelnen Elementen zusammengesetzten Objekten (z.B. Fahrräder, Uhren). Im Unterschied zu Porway et al. kommt dabei stochastisches Sampling zum Einsatz, wie dies bereits von Tu et al. umgesetzt wurde. Die Klassifikationsergebnisse zeigen, dass die vorgestellte Methode gegenüber einfachen Methoden basierend auf lokalen Merkmalen (Haar-Wavelets, SIFT-Features) bei der Erkennung von komplexen Objekten überlegen ist.

2.2.6 Zusammenfassung

Eine Vielzahl von Methoden existiert für die automatisierte Bildauswertung. Sie bauen auf sehr unterschiedlichen theoretischen Rahmenwerken auf. Um eine dieser Methoden auf die interaktive Bildauswertung bei komplexen Szenen unter realen Rahmenbedingungen anwenden zu können, müssen die folgenden minimalen Anforderungen erfüllt sein:

- **Generisches Meta-Modell** - Die Methode sollte auf einem generischen Meta-Modell aufbauen, das es erlaubt, die Methode leicht auf neue Domänen anwenden zu können. Das Meta-Modell sollte so aufgebaut sein, dass ein Bildauswerter die Modellierungselemente verstehen kann, und grundsätzlich in der Lage ist, eine neue Domäne selbstständig zu modellieren.

- **Strukturelle Modellierung** – Der Bildauswerter wendet bei komplexen Szenen sehr oft strukturelles Vorwissen an, um den Zusammenhang zwischen mehreren Objekten in der Szene erkennen, die in der Szene gemeinsam eine komplexe Funktion ausüben. Diese Zusammenhänge lassen sich durch Teil-von Relationen beschreiben. Art-von Relationen dienen dazu, verschiedene mögliche Ausprägungen eines Objekts in der Szene modellieren zu können. Da diese bei realen, komplexen Modellen vorkommen, müssen sie als Grundelemente für eine strukturelle Modellierung der Domäne vorhanden sein.

- **Räumliche Modellierung** – Räumliche Relationen spielen eine wichtige Rolle für die Klassifikation von Objekten in natürlichen Szenen. Diese Relationen müssen in der Modellierung von Domänen in einer Weise berücksichtigt werden können, sodass Bildauswerter diese durch qualitative, aus dem Alltag bekannte Begriffe beschreiben können.

- **Berücksichtigung von Unsicherheit** – Die Szenen, die einer gemeinsamen Domäne zugeordnet werden, folgen zwar statistischen Regelmäßigkeiten in der Häufigkeit und Anordnung bestimmter Objekte, die Regelmäßigkeiten lassen sich jedoch nicht deterministisch formulieren. In einer interaktiven Anwendung können sich Bildauswerter bei der Klassifikation einer Bildsignatur irren, genauso wie Methoden zur automatisierten Bildauswertung häufig Schwierigkeiten bei der Segmentierung und Klassifikation von Objekten haben. Das System soll darüber hinaus auch bereits bei noch unvollständiger Bearbeitung des Luftbilds Unterstützung anbieten können. Die dabei verwendete Methode muss daher mit Unsicherheit umgehen können.

Tabelle 1 gibt einen Überblick über die vorgestellten Klassen von Methoden und gleicht diese mit den beschriebenen Anforderungen für ein interaktives Unterstützungssystem zur Bildauswertung bei komplexen Szenen ab. Nur Methoden basierend auf generativen Modellen können die gestellten Anforderungen erfüllen. Sie wurden bisher jedoch nicht auf interaktive Problemstellungen angewendet.

Tabelle 1

	Generisches Meta-Modell	Strukturelle Modellierung	Räumliche Modellierung	Berück-sichtigung von Unsicherheit	Inter-aktiver Modus
Wissens-basierte Systeme	Nein	Ja	Ja	Ja	Nein
Ontologien/ Beschreibungs-logik	Ja	Ja	Ja	Nein	Nein
Graph-Matching und Relaxation Labeling	Nein	Nein	Ja	Ja	Nein
Probabilistische Graphische Modelle	Nein	Nur Bayes-Netze	Nur Markow-Netze	Ja	Nein
Generative Modelle	Ja	Ja	Ja	Ja	Nein

2.3   Beitrag der Arbeit

Diese Arbeit widmet sich der Unterstützung der interaktiven Luftbild-auswertung von komplexen Szenen, für die bisher kaum aufgabenspe-zifische Unterstützungsansätze existieren. Dabei sind auf unterschied-lichen Ebenen wissenschaftliche Beiträge entstanden:

- Die Arbeit konkretisiert den von [Albertz, 2001] allgemeinen beschriebenen Interpretationsprozess für die Bildauswertung von komplexen Szenen. (Kapitel 3).

- Mit einem probabilistischen Szenenmodell stellt die Arbeit einen Ansatz vor, mit dem während der Auswertung aufgrund von explizit modelliertem Domänenwissen Vorschläge für den Bildauswerter abgeleitet werden können (Kapitel 4). Gegenüber existierenden Ansätzen bietet es eine domänenunabhängige Modellierung, die so gestaltet ist, dass Bildauswertern ohne akademische Vorbildung in der Informatik in der Lage sind, neue Domänen selbständig oder mit wenig Unterstützung durch Experten zu modellieren. Darüber hinaus können aus dem Szenenmodell bei einer noch unvollständig ausgewerteten Szene Schlussfolgerungen durchgeführt werden, die besonders für die Unterstützung der interaktiven Bildauswertung relevant sind (Klassifikation einzelner Objekte, Klassifikation der Gesamtszene, Hinweise auf unentdeckte Objekte). Diese Möglichkeiten der Schlussfolgerung sind bisher in der Literatur nicht betrachtet worden.

- Durch Integration von bekannten und durch das probabilistische Szenenmodell zusätzlich verfügbaren Unterstützungsansätzen entstand in der Arbeit ein neuartiges Unterstützungssystem für die Luftbildauswertung bei komplexen Szenen, das die identifizierten Teilaufgaben bei der Beschreibung komplexer Szenen abdeckt. (Kapitel 5)

3 Unterstützte Bildauswertung komplexer Szenen

Komplexe Szenen bestehen aus einzelnen Objekten, die in ihrer Anordnung bestimmten Regelmäßigkeiten folgen. Der Bildauswerter nutzt sein Wissen über diese Regelmäßigkeiten, um eine höherwertigere Beschreibung ableiten zu können. Komplexe Szenen treten vor allem bei menschengeschaffenen Infrastrukturen und technischen Anlagen auf, wie z.B. Industrieanlagen, Hafenanlagen und Flugplätzen. Die Bildauswertung solcher Szenen spielt hauptsächlich in der militärischen Aufklärung eine Rolle, aber auch in der zivilen Fernerkundung können solche Szenen auftreten, beispielsweise bei der Analyse des Entwicklungsgrads von urbanen Gebieten anhand von Luftbildern.

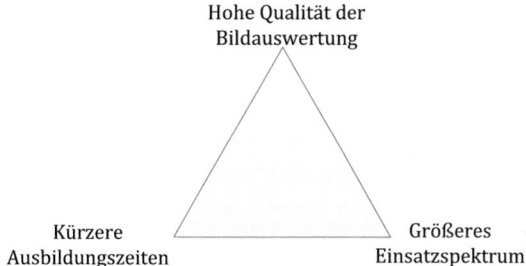

Abbildung 3.1
Spannungsfeld der Anforderungen an den Bildauswerter.

3.1 Vorgehensweise bei der Luftbildauswertung

Bildauswerter, die in der militärischen Aufklärung tätig sind, erhalten eine intensive Ausbildung und spezialisieren sich während ihrer Dienstzeit auf spezifische Domänen der Bildauswertung, Der wachsende Druck zur Rationalisierung innerhalb der Streitkräfte geht jedoch auch an der Bildauswertung nicht spurlos vorbei. Ausbildungszeiten werden immer weiter verkürzt. Immer weniger Bildauswerter stehen den Dienststellen zur Verfügung, was dazu führt, dass der Bildauswerter abhängig von der aktuellen Interessenlage Bildauswertungen in unterschiedlichsten Domänen durchführen muss. Eine Spezialisierung auf eine bestimmte Domäne ist so nur noch eingeschränkt möglich. Trotzdem muss die Qualität der Bildauswertung weiterhin gewährleistet sein, da sie Teil der Informationsgrundlage für kritische politische Entscheidungen ist. Diese widersprüchlichen Anforderungen und Randbedingungen (siehe Abbildung 3.1) überfordern den Bildauswerter unter den gegenwärtigen Arbeitsbedingungen. Unterstützungssysteme haben das Potential, den Bildauswerter so zu entlasten, dass er trotz der kürzeren Ausbildungszeit und der gestiegenen Komplexität die an ihn gestellten Anforderungen erfüllen kann.

Eine der Zielsetzung dieser Arbeit ist es daher, den Bildauswerter bei der Bildauswertung von komplexen Szenen durch interaktive und automatische Unterstützungsfunktionen zu entlasten. Diese Unterstützungsfunktionen sollen Bestandteil eines umfassenden Unterstützungssystems für die Auswertung von komplexen Szenen (z.B. Hafenanlagen, Flugplätzen oder Industrieanlagen) sein. Zur sinnvollen Gestaltung eines solchen Unterstützungssystems gilt wie bei allen interaktiven Softwaresystemen, dass der zu unterstützende Prozess und die zugrundeliegenden unterschiedlichen Arbeitsabläufe, die ohne das Softwaresystem manuell durchgeführt würden, möglichst genau bekannt sein müssen [Mayhew, 1992]. Dies ist bei der Bildauswertung eine besondere Herausforderung, da diese Aufgabe eng mit den Fähigkeiten der menschlichen visuellen Wahrnehmung zusammenhängt. Bisher ist der kognitive Prozess der visuellen Wahrnehmung noch nicht durch die Wissenschaft umfassend verstanden [Goldstein, 2002].

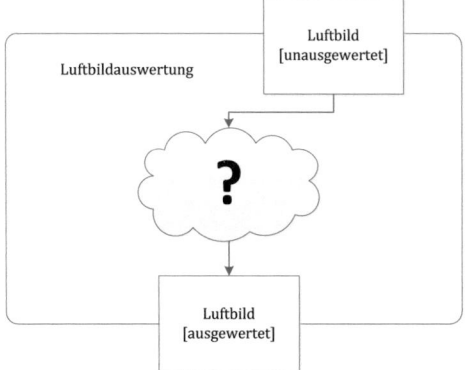

Abbildung 3.2

Wie geht der Bildauswerter bei der Bildauswertung vor?

Die Analyse der Vorgehensweise bei der Bildauswertung von komplexen Szenen blendet daher zunächst die unbewusst ablaufenden Prozesse aus und stützt sich auf die Arbeitsschritte, die ein Bildauswerter bewusst benennen kann. Im Gegensatz zum alltäglichen menschlichen Sehen, das hauptsächlich unbewusst abläuft, erfordert die Bildauswertung eine strukturierte und bewusste Herangehensweise, um trotz des ungewohnten Aufnahmewinkels, der Komplexität der Domänen sowie der mit der Aufgabe verbundenen Verantwortung belastbare Aussagen über die Szene treffen zu können.

Gegenstand dieses Kapitel ist es daher nicht, neue Erkenntnisse über die menschliche Wahrnehmung zu gewinnen, sondern zu untersuchen, ob eine domänenübergreifende Vorgehensweise bei der Luftbildauswertung komplexer Szenen existiert, und diese auf bewusst ausgeführte Teilaufgaben hin zu analysieren (siehe Illustration in Abbildung 3.2). Aufgrund dieser Analyse können bekannte Ansätze zur Unterstützung der Luftbildauswertung erfasst, auf ihre Eignung für die jeweiligen Teilaufgaben der Bildauswertung geprüft, sowie neue Ansätze für besonders belastende Teilaufgaben entwickelt werden.

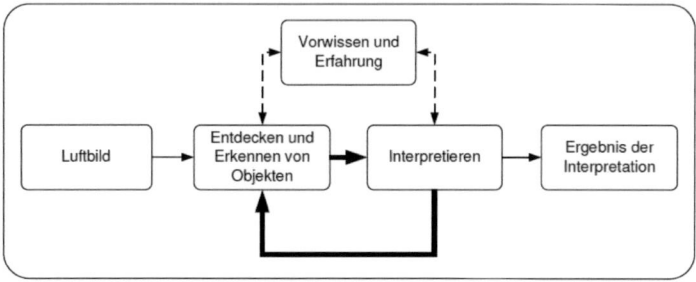

Abbildung 3.3

Schematische Darstellung des Bildauswertevorgangs [Albertz, 2001]

In der Fernerkundung wird die Bildauswertung als iterativer Prozess beschrieben, der solange zwischen dem Entdecken und Erkennen von Objekten und der Interpretation der gewonnen Informationen wechselt, bis das Ergebnis der Bildinterpretation vorliegt [Albertz, 2001]. Vorwissen und Erfahrungen spielen dabei bei beiden Teilprozessen eine wichtige Rolle. (siehe Abbildung 3.3).

Als Grundlage für die Analyse der konkreten Vorgehensweise bei der Bildauswertung von komplexen Szenen dienen die Ergebnisse von Workshops mit erfahrenen Bildauswertern: Bildauswerter beschreiben darin die individuelle Vorgehensweise bei Szenen der Domänen Hafenanlagen, Flugplätze und Industrieanlagen. Diese Bildauswerterworkshops lieferten außerdem wertvolle Informationen über die Rahmenbedingungen der alltäglichen Arbeit eines Bildauswerters und eröffneten einen Raum für die Diskussion von Ideen für neue Unterstützungsansätze.

3.2 Aufgabenanalyse in Bildauswerterworkshops

Die intensive Zusammenarbeit des Fraunhofer IOSB mit den Dienststellen der Bundeswehr ermöglichte es, Workshops mit einer Gruppe von erfahrenen Bildauswertern der unterschiedlichen, Bildauswertung betreibenden Dienststellen der Bundeswehr durchzuführen und somit Informationen über die Vorgehensweise und die Anforderungen bei der Bildauswertung aus erster Hand zu gewinnen. Die Teilnehmer teilten sich in diesen Workshops in Kleingruppen auf, mit der Aufgabe, die individuelle Vorgehensweise in den einzelnen Domänen Hafenanlagen, Flugplätze und Industrieanlagen zu beschreiben. Zusätzlich waren sie mit der Fragestellung konfrontiert, welche Unterstützungswerkzeuge an den heutigen Bildauswertearbeitsplätzen zur Verfügung stehen und welche zusätzlichen Unterstützungswerkzeuge wünschenswert sind. Die Kleingruppen waren so gewählt, dass die Teilnehmer möglichst unterschiedlicher Dienststellen und Domänenexpertise in einer Gruppe zusammenkamen. Die in den Kleingruppen gesammelten Erkenntnisse wurden anschließend interpretiert, aufbereitet und in weiteren Workshops gemeinsam mit den Bildauswertern verfeinert.

3.2.1 Bildauswertung von komplexen Szenen

Laut den Aussagen der Bildauswerter beginnt die Bildauswertung stets mit der Annahme eines Auswerteauftrags. Das Auftragsdokument enthält das Bild, die Bildkoordinaten, sowie eine konkrete Fragestellung über die abgebildete Szene, die mit Hilfe des Bilds zu beantworten ist. Der Bildauswerter beantwortet diese Fragestellung in Form eines Auswerteberichts. Der Auswertebericht enthält meistens eine vollständige Beschreibung der in der Szene vorhandenen Objekte (semantische Szenenbeschreibung), mindestens jedoch beschreibt er die Objekte detailliert, die zur Beantwortung der Fragestellung relevant sind.

Zu den Zeiten, als die zur Verfügung stehenden Kommunikationsmittel im militärischen Umfeld (Fernschreiber, Sprechfunkgeräte) sehr begrenzt waren, wurden die Inhalte der Aufträge und Berichte durch Codes und Abkürzungen als Teil eines stark formalisierten Dokuments beschrieben. Das Bild wird dabei nicht zusammen mit dem Bericht übertragen. Heutzutage werden die Aufträge und Berichte inklusive der Bilddaten in einem Auftragsmanagementsystem verwaltet und können schnell zu den Arbeitsplätzen der im Dienst befindlichen Bildauswerter sowie zu den Auftraggebern übertragen werden. Auf ähnliche Weise kann der Bildauswerter auf Referenzmaterial zurückgreifen, wie z.b. Kartenmaterial, frühere Berichte sowie Datenbanken, die Informationen über die Szene aus anderen Informationsquellen enthalten können.

Die ursprüngliche reduzierte Schreibweise durch Codes und Abkürzungen ist mit den heute zur Verfügung stehenden Kommunikationsmitteln nicht mehr notwendig, im Sprachgebrauch sind die verwendeten Kürzel jedoch noch häufig vorzufinden. Während die Fragestellungen inzwischen auch als Freitext formuliert werden können, werden sie meistens einer der folgenden Kategorien (Auftragsarten) zugeordnet:

- Code A – Erstauswertung

- Code B – Änderungsdetektion

- Code C – Planung

- Code D – Schadensanalyse

Laut Aussagen der Bildauswerter ist dabei die schwierigste Auftragsart die Erstauswertung, bei der eine möglichst vollständige Beschreibung aller Objekte der Szene sowie eine Kategorisierung der Gesamtszene (z.B. die Art der Nutzung) gefordert werden. Da auch bei den anderen Auftragsarten die hauptsächliche Arbeit in der Beschreibung der auftragsrelevanten Objekte der Szene liegt, wurde diese Auftragsart als Hauptanwendungsfall für das in der Arbeit entwickelte Unterstützungssystem gewählt.

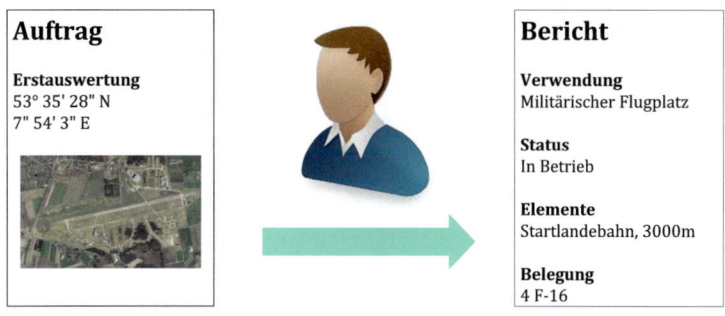

Auftrag

Erstauswertung
53° 35' 28" N
7" 54' 3" E

Bericht

Verwendung
Militärischer Flugplatz

Status
In Betrieb

Elemente
Startlandebahn, 3000m

Belegung
4 F-16

Hilfsmittel
- Handbücher (elektronisch), Internet
- Bild- und Berichtsarchiv
- Klassifikationsassistenten, Lernsoftware

Abbildung 3.4

Überblick über den Ablauf und die Rahmenbedingungen einer Bildauswertung.

Im Vergleich zu anderen Domänen gestaltet sich laut Aussagen der Bildauswerter die Erstauswertung bei Industrieanlagen als besonders schwierig. Diese Anlagen bestehen aus einer Vielzahl unterschiedlicher Objekte, die zur Ausführung eines Produktionsprozesses angeordnet und durch verschiedene Transport- und Kommunikationseinrichtungen verbunden sind. Die Erbauer der Anlage bilden dazu die Teilprozesse in bestimmten Bereichen der Liegenschaften ab und ordnen dort systematisch die Anlagen an, die zur Ausführung des jeweiligen Teilprozesses notwendig sind. Beispielsweise ist in Anlagen zur Aluminiumherstellung ein eigener Bereich vorgesehen, in dem Kohleanoden für den Elektrolyseprozess hergestellt werden. Dieser Bereich ist wiederum so angeordnet, dass die Anlieferung und Lagerung der Kohle leicht möglich ist, und ein einfacher Transport zur Elektrolyseanlage gewährleistet ist. Die räumliche Anordnung der Objekte in zusammenhängenden Bereichen anhand ihrer Funktion für einen bestimmten Teilprozess dient also im Wesentlichen dazu, die Transportwege innerhalb eines Teilprozesses kurz zu halten und den An- und Abtransport von Rohmaterial und Endprodukt zu vereinfachen. In ganz ähnlicher Form trifft dies auch für Anlagen der Transportinfrastruktur zu, wie z.B. Flugplätze und Hafenanlagen. Zwar ist der Zweck der Anlage hier nicht, Produkte herzustellen, jedoch sind die einzelnen Bereiche der Anlage ebenso bestimmten Abläufen der Transportabfertigung (Anlieferung der Transportgüter, Verladung auf das Transportmittel, Betankung und Wartung der Transportmittel) gewidmet. Sie dienen damit einem übergeordneten Transportprozess. Abbildung 3.5 zeigt ein Beispiel für das Ergebnis einer Bildauswertung in Form eines annotierten (beschrifteten) Bilds und eines Auswerteberichts.

3.2.2 Vorhandene Unterstützungssysteme

Überraschenderweise stehen den Bildauswertern auch heute nur sehr wenige Hilfsmittel zur Verfügung, die die eigentliche Aufgabe der Bildauswertung unterstützen. Zwar ermöglicht die verwendete Software zur Bilddarstellung eine komfortable Navigation durch die Bilddaten. Da jedoch hauptsächlich Standard-Software verwendet wird, die allgemein in Büroumgebungen sowie in der Fernerkundung Anwendung findet (Bürosoftware zur Textverarbeitung und Tabellenkalkulation, Bilddarstellungssoftware) und nicht für eine bestimmte Domäne angepasst wurde, liefern die an den Arbeitsplätzen vorhandenen Rechnersysteme keinen wesentlichen Beitrag zur Unterstützung der Bildauswertung. Lediglich von der Bundeswehr hergestellte gedruckte Handbücher oder öffentlich zugängliche Materialien (z.B. Lehrbücher zur Verfahrenstechnik für die Beschreibung von Industrieanlagen) ermöglichen es dem Bildauswerter, während dem Einsatz das Vorwissen über eine bestimmte Domäne aufzufrischen. Darüber hinaus pflegen viele Bildauswerter eigene Handbücher, in denen sie besonders typische Bildbeispiele sammeln und annotieren.

3.2.3 Vorgehensweise des Bildauswerters

Die Teilnehmer des Bildauswerterworkshops erarbeiteten zunächst in getrennten Kleingruppen die Vorgehensweise bei der Erstauswertung einer Szene.

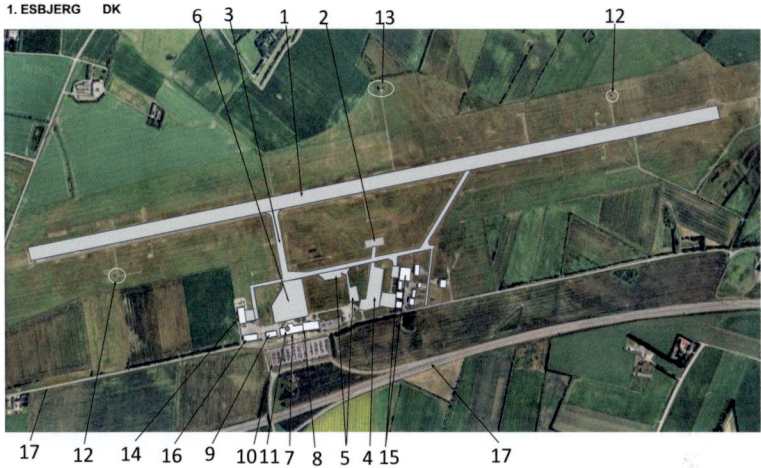

ESBJERG – Civil Airfield

Runway & Taxiway

1 – Single Runway, 08 / 26, 8527 x 148 feet (2599 x 45 meters), asphalt

2 – Helicopter landing place

3 – small parallel Taxiway, connecting Hardstands

Dispersal

4 – Hardstand for Helicopter

5 – 2 small Hardstands

6 – Main Hardstand

Operation Center

7 – Base Operation Center

Civil Facilities

8 – Passenger Terminal Building

9 – Administration Building

10 – Vehicle Parking Area

ATC

11 – Tower

12 – ILS

13 - Area Surveillance Radar

Maintenance/Hangars

14 – 2 Maintenance and Repair Hangars (with apron) and service building

15 – 3 Maintenance and Repair Hangars (with apron) and service buildings

16 – Garage

Abbildung 3.5

Beispiel für einen Bildauswertebericht

Jede Gruppe sollte die Vorgehensweise zunächst spezifisch für eine der Domänen: Flughafen, Hafenanlagen und Industrieanlagen ausfertigen. Diese Vorgehensweisen wurden von den Gruppen auf einem Flipchart stichpunktartig festgehalten. Über die verschiedenen Domänen hinweg beschrieben die Bildauswerter ihre Vorgehensweise nach einem ähnlichen Schema. Die Bildauswertung durchläuft dabei die folgenden Phasen:

1. Der Bildauswerter verschafft sich einen Überblick über die Szene und teilt sie in Teilbereiche ein.

2. Die einzelnen Teilbereiche werden nun nacheinander abgearbeitet. Einzelne Objekte werden analysiert und beschrieben. Aufgrund der erkannten Objekte kann die Funktion eines Bereichs spezifiziert werden.

3. Zusammenhänge zwischen den Teilbereichen werden untersucht. Aufgrund dieser Zusammenhänge und der feststellbaren Aktivitäten innerhalb des Infrastrukturobjekts wird auf dessen Funktion und Nutzung geschlossen.

Diese grobe Aufteilung der Bildauswertung in Phasen gibt jedoch noch wenig Aufschluss über die konkreten Arbeitsschritte und Denkprozesse und eignet sich nicht dafür, Unterstützungsfunktionen abzuleiten, die Arbeitsschritte automatisieren oder dem Nutzer kontextabhängig unterstützende Informationen anzubieten. Um die Arbeitsschritte innerhalb dieser Phasen im Detail zu analysieren, wurde auf Basis von mehreren Iterationen in weiteren Bildauswerterworkshops eine Aufgabenbeschreibung auf Basis einer UML[5] -basierten Methode (nach [Peinsipp-Byma, 2007]) ausgearbeitet. Abbildung 3.6 zeigt die Aufgabenbeschreibung in Form eines UML-Aktivitätsdiagramms. Die Aufgabenbeschreibung wurde anhand zweier typischer Auswerteaufgaben, der Erstauswertung eines Ölhafens und eines militärischen Flugplatzes, validiert (siehe ausführliche Beschreibung in [Gilow, 2008]).

---

[5] UML – Unified Modeling Language

Die Bildauswertung beginnt mit der Einteilung der Aufnahme in grobe, flächige Teilbereiche. Die Abgrenzung der Teilbereiche erfolgt aufgrund der homogenen Struktur eines Bereichs im Bild, sowie anhand von deutlich sichtbaren Grenzen wie z.B. Zäune und Mauern. Hinweise auf den zugrunde liegenden kognitiven Prozess gibt die Gestalttheorie, die Phänomene in der alltäglichen visuellen Wahrnehmung beschreibt. Bildsignaturen können als zusammenhängend erkannt werden, wenn sie bestimmten Gesetzen der Nähe, Ähnlichkeit und Geschlossenheit genügen (vgl. [Goldstein, 2002]). Diese Eigenschaften können im Falle der Bildauswertung von komplexen Szenen darauf hindeuten, dass die Objekte in einem solchen Teilbereiche einem gemeinsamen Zweck dienen. Sie bilden somit eine erste Arbeitshypothese für die tatsächliche Aufteilung der Szene in funktionale Bereiche.

Neben der Einteilung in Teilbereiche untersucht der Bildauswerter die Bildsignatur der einzelnen Teilbereiche und ist möglicherweise bereits in der Lage eine erste Vermutung über die deren Funktion anzustellen. Bevor der Bereich im Detail untersucht wird, besteht bereits eine Erwartung, welche Objekte in welcher Anordnung in dem Teilbereich vorhanden sein müssen, um der Vermutung gerecht zu werden. Diese Vermutung prüft der Bildauswerter im nächsten Schritt, indem er die Objektsignaturen innerhalb des Bereichs analysiert und dabei Objekte erkennt. Kann die Vermutung durch das Vorkommen einer signifikanten Menge an erwarteten Objekten bestätigt werden, so hilft der räumliche Kontext bei der Beschreibung der verbleibenden Objekte. Stellt sich hingegen heraus, dass die Vermutung von den vorkommenden Objekten widerlegt wird, oder konnte aus der strukturellen Erscheinung des Teilbereichs keine Hypothese über die Funktion des Teilbereichs abgeleitet werden, so müssen zunächst die im Teilbereich vorhandenen Objekte einzeln erkannt werden, um daraus in einem zweiten Schritt die Funktion des Teilbereichs zu bestimmen. Dies kann auch dazu führen, dass die Bereiche neu aufgeteilt werden müssen.

Die Funktion der gesamten Szene wird schließlich aufgrund des Auftretens und der Zusammenhänge der Teilbereiche sowie aufgrund der in der Szene vorhandenen mobilen Objekte (Aktivität), wie z.B. Kraftfahrzeuge, Schiffe oder Flugzeuge festgestellt.

3.3 Abstraktionsebenen und Teilprozesse

Aus der genaueren Betrachtung der Vorgehensweise wird klar, dass die Bildauswertung auf mehreren Abstraktionsebenen abläuft. Bildsignaturen werden interpretiert und so einzelne Objekte erkannt. Durch die Interpretation der Anordnung der Objekte kann die Funktion eines Teilbereichs und schließlich die Funktion der gesamten Anlage abgeleitet werden. Dies beschreibt eine Vorgehensweise, die von den Bilddaten getrieben ist (Bottom-Up Strategie). Erwartungen und Hypothesen über die Prozesse, die in der Anlage ablaufenden, sind dagegen Grundlage für eine erwartungsgetriebene Vorgehensweise (Top-Down Strategie). Dabei bildet der Bildauswerter Hypothesen über Teilbereiche und leitet daraus die potentielle Existenz von entsprechenden Objekten und deren Anordnung ab. Anschließend versucht er, entsprechende Objektsignaturen im Luftbild wiederzufinden. Der Bildauswerter wechselt dabei zwischen Top-Down und Bottom-Up Strategien ab. Die wesentlichen Abstraktionsebenen sind also:

- Objektsignaturen – Welcher Objekttyp liegt vor?

- Objekte – Was ist wo vorhanden?

- Funktionen – Welche Funktion haben die Objekte und die gesamte Anlage?

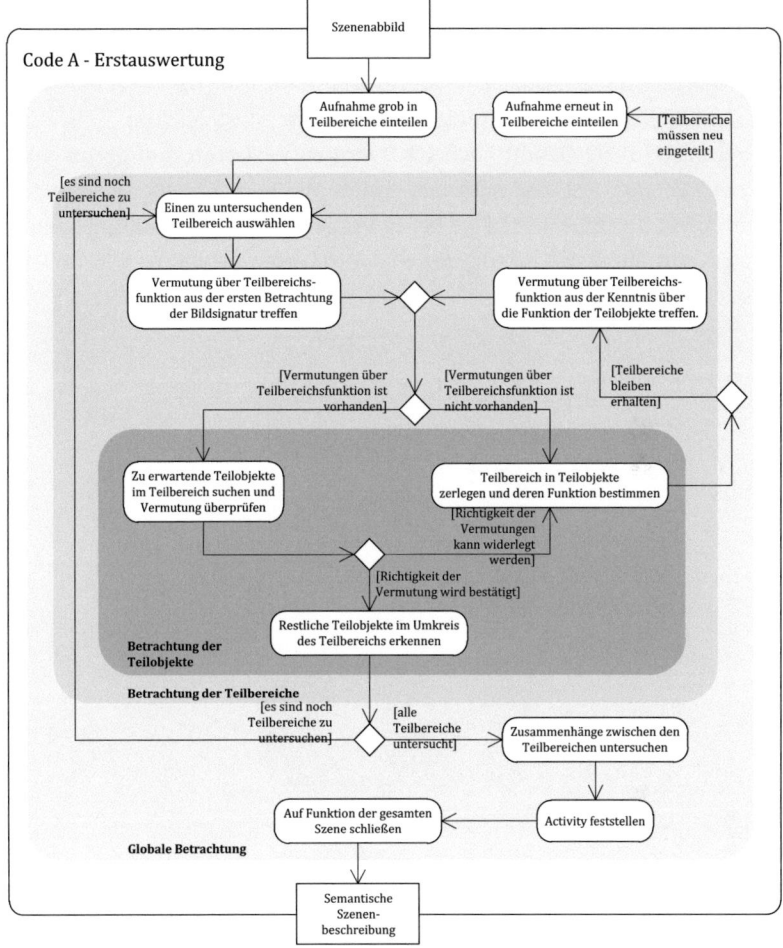

Abbildung 3.6

Aufgabenbeschreibung „Bildauswertung von komplexen Szenen".

Laut Aussagen der Bildauswerter dominiert bei erfahrenen Bildauswertern die Top-Down Vorgehensweise. Stimmen die Hypothesen, die
aus der groben Erscheinung der Teilbereiche aufgestellt wurden, kann
dies zu einer sehr zügigen und effizienten Bearbeitung des Auswerte-

auftrags führen. Es besteht jedoch die Gefahr, dass der Bildauswerter die Hypothesen nicht ausreichend prüft und so in die Irre geleitet wird. Unerfahrene Bildauswerter bevorzugen die Bottom-Up Vorgehensweise, da die Erkennung einzelner Objekte zunächst leichter erscheint. Dabei besteht die Gefahr, sich im Detail zu verlieren und damit Kontextwissen aus der Gesamtszene außer Acht zu lassen. Im Idealfall kombiniert der Bildauswerter beide Vorgehensweisen, um eine zuverlässige und effiziente Erledigung des Auswerteauftrags zu gewährleisten.

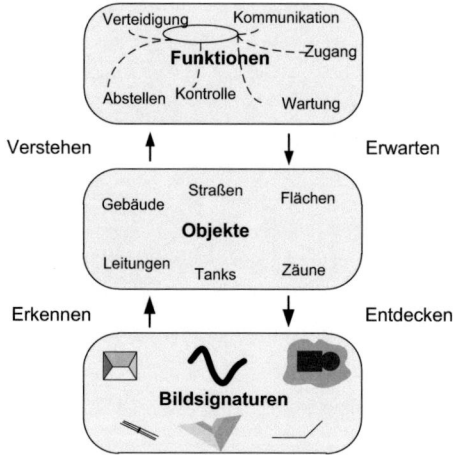

Abbildung 3.7

Abstraktionsebenen der Bildauswertung.

Aufgrund der Übergänge zwischen den Abstraktionsebenen lassen sich vier wesentliche Teilprozesse der Bildauswertung ableiten, die in den folgenden Abschnitten genauer analysiert werden (siehe Abbildung 3.7).

3.3.1 Entdecken und Erkennen

Werden Objekte im Luftbild erkannt, so bedeutet dies, dass dem Objekt anhand seiner Objektsignatur ein Objekttyp zugeordnet wird (allg.

Klassifikation). Die Objektsignatur hängt zum einen von den Eigenschaften des Objekts ab (Geometrie, Material), und wird zum anderen von den Rahmenbedingungen der Aufnahme bestimmt (z.B. Art des Sensors, relative Ausrichtung und Position des Sensors zum Objekt, etc.) Der Bildauswerter muss die Eigenschaften des Objekts kennen und wissen, wie sich diese sich unter unterschiedlichen Aufnahmebedingungen auf die Bildsignatur auswirkt. Gerade bei der Verwendung von Sensoren, die nicht im sichtbaren Spektrum des Lichts oder gar mit Mikrowellen arbeiten (z.B. Synthetic Aperture Radar, kurz SAR), ist häufig eine spezielle Ausbildung für die Auswertung von solchen Luftbildern notwendig. Unabhängig von dem Sensortyp, verwendet der Bildauswerter bei der interaktiven Bildauswertung folgende Faktoren zur Charakterisierung von Objektsignaturen [Albertz, 2001]:

- Helligkeit

- Farbton und Sättigung

- Form

- Größe

- Textur

- Schattierungen

- Objektmuster (z.B. Gebäude aufgereiht entlang einer Straße)

Mit Hilfe des Vorwissens über die Abbildung der Objekte als Objektsignaturen im Bild kann der Bildauswerter beschreiben, welche Objekte in der Szene vorhanden sind. Klassifiziert er so eine wahrgenommenen Objektsignatur, führt er den Teilprozess Erkennen aus.

Sucht der Bildauswerter gezielt nach Objektsignaturen von Objekten, die er aufgrund einer Teilbereich-Hypothese erwartet, beschäftigt er sich mit dem Entdecken von Objekten. Die so entstehende Beschreibung der Objekte, die in der Szene vorhandenen sind, macht jedoch lediglich Aussagen über den aus der Objektsignatur erkennbaren Objekttyp (Beispielsweise werden auf dem Luftbild eines Flugplatzes mehrere Hallen erkannt). Die Funktion der Objekte (z.B. die Klassifikation als Reparatur- und Wartungshallen) wird durch einen weiteren Prozess bestimmt, der die Anordnung der Objekte und Vorwissen über die Domäne mit einbezieht.

3.3.2 Verstehen und Erwarten

Beim Verstehen betrachtet der Bildauswerter die Anordnung der erkannten Objekte in einem Teilbereich des Luftbilds. Eine Objektanordnung ist durch die erkannten Objekte sowie deren räumlichen Beziehungen charakterisiert. Diese Charakteristik sowie das Vorwissen über die Domäne und die darin geltenden Regelmäßigkeiten nutzt der Bildauswerter, um die Funktion der einzelnen Objekte sowie des gesamten Teilbereichs zu bestimmen. Beim Teilprozess Verstehen spielen die Objektsignaturen der Objekte nur noch eine untergeordnete Rolle, können aber zur Validierung der getroffenen Entscheidungen herangezogen werden.

Besteht eine Hypothese über die wahrscheinlich in einer Anlage vorhandene Teilfunktion, so verwendet der Bildauswerter Vorwissen über typische Objektanordnungen zur Verifikation dieser Hypothese. Aufgrund der typischen Objektanordnungen bildet er dazu weitere Hypothesen über in der Szene vorhandene Objekte. Das Starten und Landen von Flugzeugen ist eine Funktion die auf Flugplätzen stets möglich ist. Daraus kann ein Bildauswerter beispielsweise ableiten, dass entsprechende Einrichtungen in der Szene vorhanden sein müssen. Er kann diese Hypothesen daraufhin nutzen, um diese Objekte im Luftbild zu entdecken und seine ursprüngliche Hypothese verifizieren.

3.4   Auswahl von Unterstützungsfunktionen

Aufgrund der identifizierten Teilprozesse kann nun untersucht werden, welche bekannten Ansätze zur Unterstützung der interaktiven Bildauswertung (siehe Abschnitt 2.1) verwenden oder welche Ansätze aus der automatischen Bildauswertung zur Unterstützung der interaktiven Bildauswertung übertragen werden können.

Eine der bekanntesten Ansätze für die Arbeitsteilung zwischen Mensch und Maschine ist die Aufteilung aufgrund der sogenannten MABA-MABA[6] Liste [Fitts, 1951]. Sie zählt die Fähigkeiten auf, in denen der Mensch oder die Maschine jeweils überlegen sind (siehe Tabelle 2). Seit Veröffentlichung dieser Liste haben sich jedoch die Möglichkeiten der Rechnersysteme und damit auch deren Fähigkeiten verbessert. Darüber hinaus ist eine strenge Aufteilung von Teilaufgaben zwischen Mensch und einer Maschine nicht immer zweckmäßig, da heutige Rechnersysteme mit modernen Benutzungsschnittstellen eine effiziente Zusammenarbeit zwischen Mensch und Maschine erlauben.

Anstatt eine harte Grenze zwischen die Automatisierung durch eine Maschine und der manuellen Durchführung durch den Menschen zu ziehen, gibt es gerade bei der Mensch-Computer-Interaktion viele Zwischenstufen, bis zu welchem Grad die Arbeit zwischen Mensch und Maschine bei einer Aufgabe geteilt werden kann [Sheridan, 2000]:

1. Der Computer bietet keine Unterstützung: Der Mensch muss alles selbst erledigen.

2. Der Computer schlägt alternative Wege vor, um die Aufgabe zu erledigen.

3. Der Computer wählt einen Weg, die Aufgabe zu erledigen, und führt diesen Vorschlag aus, wenn der Mensch es freigibt.

4. Der Computer wählt einen Weg, die Aufgabe zu erledigen und erlaubt dem Mensch für eine beschränkte Zeit, die Ausführung des vorgeschlagenen Wegs zu verhindern.

5. Der Computer wählt einen Weg, die Aufgabe zu erledigen, führt ihn aus und informiert den Menschen nur, wenn er danach frägt.

---

[6] „Men are better at – machines are better at" (wortwörtlich)

6. Der Computer wählt einen Weg, die Aufgabe zu erledigen, führt ihn aus und informiert den Menschen nur, wenn die Maschine es für notwendig hält.

7. Der Computer entscheidet und handelt eigenständig und ignoriert den Menschen.

Eine zweite Dimension in der Automatisierung ist die Aufteilung der Aufgabenbearbeitung in Phasen, die zur Erledigung einer komplexen Aufgabe sequentiell durchlaufen werden müssen [Sheridan, 2000]: Zunächst müssen die für die Bearbeitung der Aufgabe notwendigen Informationen beschafft werden. Die Informationen müssen analysiert werden, um aufgrund der Analyse eine Entscheidung für eine konkrete Aktion zu treffen. Nach der Entscheidung endet die Durchführung der Aufgabe mit der Umsetzung der Aktion. Die Automatisierung kann sich dabei auf eine einzelne Phase beschränken oder über die folgendermaßen benannten Phasen im Grad der Automatisierung variieren.

A. Informationsakquisition

B. Informationsanalyse

C. Entscheidung über eine Aktion

D. Umsetzung einer Aktion

Wie stark welche Phase für eine bestimmte Anwendung automatisiert werden soll, hängt dabei stark von der Komplexität der Phase ab sowie dem tolerierbaren Fehlerrisiko aufgrund einer Automatisierung. Bei der Gestaltung von Systemen zur Luftverkehrsleitung wurde beispielsweise festgelegt, dass Informationsakquisition (Lokalisierung der Flugzeuge, Wetterdaten, etc.) und Informationsanalyse weitestgehend automatisiert werden sollten, während die Entscheidung und die Umsetzung der Aktion zu einem großen Teil in den Händen der Fluglotsen und des Piloten verbleiben soll [Sheridan, 2000]. Bei den Teilprozessen der Bildauswertung können analog dazu Phasen der Informationsakquisition, Informationsanalyse, Entscheidung und Durchführung unterschieden werden. In Gesprächen mit Bildauswertern konnten die

Anforderungen an den Automatisierungsgrad erfasst werden. So sollte ein System zur Unterstützung der Bildauswertung bei der Informationsakquisition, also beispielsweise bei der Recherche von Referenzmaterial und vorherigen Auswertungen der Szene in hohem Maße automatisiert unterstützten. Bei der Analyse kann das System durch das Anbieten von Lösungsvorschlägen unterstützten. Aufgrund der Komplexität der Aufgabe und der Schwierigkeit, den Analyseprozess im Computer abzubilden, kann dieser Prozess in den Augen der Bildauswerter jedoch nur teilweise automatisiert werden. Die Entscheidung, wie die Objekte einer Szene beschrieben und welche Funktion ihnen zugewiesen werden sollte, sollte vollständig beim Bildauswerter verbleiben. Die Erstellung des Auswerteberichts hingegen stellt keine komplexe, jedoch eine sehr zeitaufwendige Aufgabe dar, und sollte daher in hohem Maße automatisiert werden.

Tabelle 2

Der Mensch ist besser im Bereich

- Signaldetektion bei geringer Energiedichte
- Mustererkennung
- Improvisation und Flexibilität
- Langzeitliche Informationsspeicherung und Zugriff
- Induktives Schließen
- Beurteilung

Maschinen sind besser im Bereich

- Rasche Antwort auf Signale
- Aufbringen großer Kräfte langsam und präzise
- Kurzzeitige Informationsspeicherung
- Deduktives Schließen

Elektronische Handbücher und Lernsysteme (siehe Abschnitt 2.1.1) können insbesondere bei der Informationsakquisition während der Auswertung unterstützen. Bei der Erkennung und Entdecken von Objekten helfen sie dabei, die verschiedenen Objektklassen zu unterscheiden, indem Referenzbilder von Objekten einer Klasse unter unterschiedlichen Aufnahmebedingungen angeboten werden. Diese kann der Bildauswerter mit der Objektsignatur im Bild vergleichen. Elektronische Handbuchsysteme können ebenso beim Verstehen von Objektanordnungen und beim Ableiten von Erwartungen über das Vorhandensein von Objekten unterstützen, beispielsweise durch die Darstellung von schematischen Zeichnungen von typischen Objektanordnungen, die eine bestimmte Funktion erfüllen. Abruf und Darstellung dieser Informationen sollte entweder auf Anfrage des Benutzers (Volltextsuche, Navigation in einem Inhaltsverzeichnis) oder idealerweise aufgrund des Kontexts (beispielsweise aufgrund des aktuell ausgewählten Objekts und den Aufnahmeparametern des Luftbilds) automatisiert erfolgen.

Systeme zur interaktiven Klassifikation wie z.B. RecceMan® (siehe Abschnitt 2.1.3) unterstützen bei der Erkennung von Objekten, indem der Bildauswerter Merkmale der Objektsignatur (z.B. Form einer Antenne) beschreibt. Dieses Verfahren kann bei der Informationsanalyse der Objekterkennung unterstützen. Es ist jedoch darauf ausgelegt, dass die Objekte anhand charakteristischer Merkmale eindeutig klassifiziert werden können. Dies ist besonders der Fall bei in Serie produzierten Objekten wie z.B. Landfahrzeugen, Schiffen und Flugzeugen, aber auch z.B. Antennenanlagen erfüllen diese Voraussetzungen. Bei Domänen, in denen komplexe Szenen vorkommen, z.B. Industrieanlagen, Hafenanlagen und Flugplätzen, treten solche in Serie produzierte Objekte seltener auf. Die Objekte in diesen Domänen sind häufig dediziert für die spezifischen Anforderungen der in der Szene abgebildeten Anlage angepasst.

Verfahren zur automatischen Objekterkennung, die direkt auf den Intensitätswerten des Bildes arbeiten und die Detektion und Erkennung von Objekten automatisieren, sind leider meist nicht robust genug, um unter den Einsatzbedingungen und der bei der Aufgabe geforderten Präzision eingesetzt werden zu können. In Verbindung mit einer Kontrolle und Korrektur der Ergebnisse durch einen Bildauswerter haben sie jedoch in der Fernerkundung Einsatzgebiete gefunden, beispielsweise bei der Extraktion von Straßennetzen aus Bildern (siehe Abschnitt 2.1.4).

Verfahren aus dem Forschungsfeld Bildverstehen, die aufgrund eines Modells der Domäne in der Lage sind, Vorschläge für die Interpretation von Objektanordnungen sowie Objekthypothesen zu generieren, wurden bisher nicht für die interaktive Luftbildauswertung verwendet (siehe Abschnitt 2.2). Sie bieten jedoch ähnlich wie bei den Verfahren zur interaktiven Klassifikation die Möglichkeit, die Informationsanalyse bei den Prozessen Verstehen und Erwarten zu unterstützen. So können aufgrund der bisher erkannten Objekte im Bild Vorschläge für die Bestimmung der Funktion der Gesamtszene erzeugt werden und in Kombination mit einer Handbuchfunktion helfen, schnell den richtigen Hinweis zu finden. Ebenso können aufgrund der bekannten Informationen über die Szene Vorschläge für potentiell im Bild vorhandene aber noch nicht entdeckte Objekte abgeleitet werden. Aufgrund von erwarteten räumlichen Relationen können ebenso Hinweise für den wahrscheinlichsten Aufenthaltsort der erwarteten Objekte abgeleitet werden und so die Detektion unterstützt werden (siehe Kapitel 4).

Unterstützungsfunktionen zur Berichterstellung helfen bei der Dokumentation der Auswerteergebnisse und unterstützten die Umsetzung der getroffenen Entscheidungen in den Teilprozessen Erkennen, Entdecken, Verstehen und Erwarten durch Einfügen in den Auswertebericht. Eine Integration der Berichterstellung in die bisher beschriebenen Unterstützungsfunktionen kann den Aufwand der Berichterstellung enorm reduzieren, wenn die Vorschläge der Unterstützungsfunktionen nach Bestätigung durch den Bildauswerter direkt in den Auswertebericht übernommen werden können. Tabelle 3 zeigt die Zuordnung der möglichen Unterstützungsfunktionen zu den einzelnen Teilprozessen der Bildauswertung.

Tabelle 3

	Erkennen	Verstehen	Erwarten	Entdecken
Automatische Objekterkennung	✓			✓
Interaktive Klassifikation	✓			
Elektronisches Handbuch	✓	✓	✓	✓
Inferenzmethoden		✓	✓	✓
Interaktive Berichterstellung	✓	✓	✓	✓

3.5 Zusammenfassung

Die Zusammenarbeit mit Bildauswertern in regelmäßigen Abständen durchgeführten Bildauswerterworkshops lieferte Erkenntnisse über die Vorgehensweise bei der Bildauswertung von komplexen Szenen. Der Bildauswerter analysiert das Bild und die daraus gewonnen Informationen auf verschiedenen Abstraktionsebenen: Objektsignatur, Objekte, Funktionen. Er erkennt Objektsignaturen und beschreibt damit die Objekte der Szene (Teilprozess Erkennen). Anhand der Objekte der Szene leitet er die Funktion von Objekten oder Objektkonstellationen ab (Teilprozess Verstehen). Auf Basis der identifizierten Funktionen kann er Hypothesen über weitere möglicherweise vorhandene Objekte in der Szene ableiten (Teilprozess Erwarten), welche er durch das Isolieren von entsprechenden Bildsignaturen im Bild entdecken kann (Teilprozess Entdecken).

Anhand dieser Teilprozesse lassen sich existierende und potentielle Unterstützungsfunktionen für die interaktive Bildauswertung identifizieren und einordnen. Unterstützungsfunktionen können dabei bei der Informationsakquisition, der Informationsanalyse, bei der Entscheidung über eine Aktion und deren Umsetzung unterstützen. Elektronische Handbücher unterstützen bei der Informationsakquisition, indem sie Referenzmaterial zur Domäne (Bilder, Beschreibungen) bereitstellen. Unterstützungssysteme zur Berichterstellung erleichtern dem Bildauswerter die Umsetzung der gewonnenen Erkenntnisse über die Szene im Bericht. Methoden aus der automatisierten Bildauswertung, wie die automatische Objekterkennung, sowie Inferenzmethoden aus der automatisierten Bildauswertung können bei der Informationsanalyse (Bilddaten sowie Objektkonstellationen) unterstützen. Inferenzmethoden kommen in existierenden Unterstützungssystemen bisher nicht zum Einsatz. Kapitel 4 beschreibt ein probabilistisches Szenenmodell, aufgrund dessen solche Inferenzmethoden umgesetzt werden können. Kapitel 5 beschreibt deren Umsetzung in einem Unterstützungssystem in Form einer Vorschlagsfunktion für die Klassifikation der Funktion von Objekten und der Gesamtszene, sowie einer Vorschlagsfunktion für potentiell im Bild vorhandene, aber noch nicht entdeckte Objekte.

4 Probabilistische Szenenmodelle

Im Forschungsfeld Bildverstehen sind zahlreiche Methoden zur automatisierten Bildauswertung entwickelt worden (siehe Abschnitt 2.2). Aus Sicht der Unterstützung der interaktiven Bildauswertung bei komplexen Szenen sind dabei besonders die Inferenzmethoden der höherliegenden Bilddeutung interessant (siehe Analyse in Kapitel 3). Bisher wurden diese Verfahren hauptsächlich dazu verwendet, um die Objekterkennung oder -detektion durch Nutzung des Objektkontexts zu verbessern. Ein Beispiel dafür ist ein Verfahren zur automatischen Auswertung von Luftbildern von Wohngebieten [Matsuyama und Hwang, 1990]. Die gemeinsame Verarbeitung von Gebäude- und Straßensegmentdetektionen hilft dabei, Fehldetektionen zu reduzieren und die Sensitivität des Verfahrens zu erhöhen. Dabei fließt das Vorwissen mit ein, dass Gebäude üblicherweise einen Zugang zu einer Straße haben.

In der Literatur veröffentlichte Methoden beschränken sich auf sehr vereinfachte oder synthetische Beispiele, um Fortschritte in der automatisierten Bildauswertung leichter quantifizierbar und nachvollziehbarer zu machen. Die Interpretation der Bedeutung bzw. der Funktion einer Objektanordnung spielt dabei eine untergeordnete Rolle. Gelingt es, diese Methoden so anzupassen und zu erweitern, dass sie auch bei umfangreichen Domänen effizient funktionieren und Inferenz auf der Abstraktionsebene von Funktionen erlauben, so können diese Methoden als Grundlage für neue Unterstützungsfunktionen in der interaktiven Bildauswertung dienen (siehe Kapitel 3). Ziel der Arbeit ist es daher, bestehende Ansätze aus der höherliegenden Bilddeutung für diese Anwendung zu adaptieren. Dabei müssen folgende Randbedingungen berücksichtigt werden:

- Der Ansatz sollte modellbasiert sein, da keine oder nur sehr wenige Trainingsdaten für maschinelles Lernen verfügbar sind.

Bildauswerter sollten die Erstellung und Pflege des Modells selbst übernehmen können.

- Der Ansatz soll für alle Domänen der Bildauswertung anwendbar sein, die komplexe Szenen beinhalten.

- Die Berechnungszeit für die Inferenz sollte kurz genug sein, so dass die erzeugten Hinweise für eine ergonomische Nutzung in einem Unterstützungssystem verwendet werden können (0,2 s - 2,0 s)

Dieses Kapitel stellt eine Methode vor, die diese Kriterien erfüllt. Abbildung 4.1 gibt einen Überblick über die verwendeten Konzepte und Abstraktionsebenen, die diese Methode berücksichtigen muss (siehe auch ausführliche Definition dieser Begriffe in Abschnitt 1.3): Eine Szene beschreibt einen räumlich-zeitlichen Abschnitt der realen Welt. Die Szene wird von einem bildgebenden Sensor aufgenommen, es entsteht das Szenenabbild. Der Bildauswerter erkennt Objektsignaturen im Szenenabbild, klassifiziert diese Objekte aufgrund ihrer Erscheinung nach Objekttyp (z.B. Gebäude, Straße, Fahrzeug, Antenne, etc.) und bestimmt weitere Eigenschaften (Größe, Form, etc.). Die Szene und die darin enthaltenen Objekte sollen in einer semantischen Szenenbeschreibung durch ihre Funktion beschrieben werden. Dazu verwendet der Bildauswerter Vorwissen über Objekte, Funktionsklassen, deren Häufigkeiten und deren Relationen. Damit ein Unterstützungssystem entsprechende Hinweise geben kann, muss dieses Vorwissen durch ein Szenenmodell im Rechner repräsentiert werden.

Formal wird die Menge von Objektbeobachtungen und ihren Relationen als Szenenbeobachtung o zusammengefasst. Aufgrund der Szenenbeobachtung o werden plausible semantische Szenenbeschreibungen s bestimmt, die die Funktion der beobachteten Szene und der einzelnen Objekte beschreiben. Die Begriffe, die in einer semantischen Szenenbeschreibung zur Beschreibung der Funktion verwendet werden, werden dazu den entsprechenden Objektbeobachtungen zugeordnet. Dabei spielen der Objekttyp und die Eigenschaften des Objekts, sowie die räumlichen Relationen zu anderen Objekten eine Rolle. Das Szenen-

modell beinhaltet das dazu notwendige Vorwissen: es beschreibt die
Häufigkeit von Objekten, modelliert sie durch Attribute sowie durch
räumliche Relationen zu anderen Objekten.

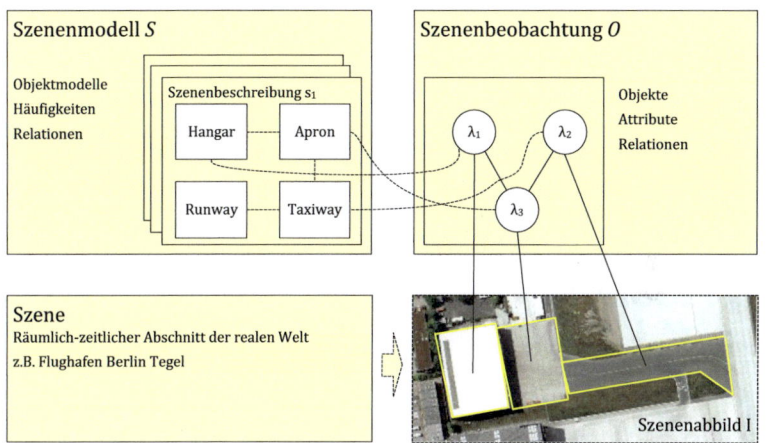

Abbildung 4.1

Illustration der wichtigsten Konzepte des Szenenmodells (angelehnt an [Matsu-
yama und Hwang, 1990]).

Die folgenden Abschnitte beschreiben die Bausteine der vorgestellten
Methode. Sie lassen sich grob nach den wesentlichen Herausforderungen der höherliegenden Bilddeutung [Matsuyama und Hwang, 1990]
gliedern: Wissensrepräsentation, Hypothesen-Abgleich und Inferenz.
Aufgrund der Abhängigkeit diese Fragestellungen untereinander, werden sie durch unterschiedliche Teilaspekte der vorgestellten Methode
abgedeckt (siehe Tabelle 4).

Tabelle 4

Fragestellung	Teilaspekte der vorgestellten Methode
Wissensrepräsentation Wie kann Vorwissen über eine Domäne und deren Regelmäßigkeiten modelliert werden?	• Modellierung von Objekthäufigkeiten (Abschnitt 4.1) • Modellierung räumlicher Relationen (Abschnitt 4.3)
Hypothesen-Abgleich Wie können Hypothesen über die semantische Szenenbeschreibung einer Szene mit einer unvollständigen und fehlerbehafteten Szenenbeobachtung abgeglichen werden?	• Abgleich von Szenenbeschreibung und Szenenbeobachtung unter Berücksichtigung von Objektattributen und räumlichen Relationen (Abschnitt 4.3)
Inferenz Wie können auf Grundlage des modellierten Vorwissens Schlussfolgerungen gezogen werden, um die semantische Szenenbeschreibung zu verbessern und zu vervollständigen?	• Inferenz über Objekthäufigkeiten, Funktion eines Objekts und Funktion der gesamten Szene (Abschnitt 4.3)

Kapitel 2 führt bereits bekannte Ansätze zur höherliegenden Bilddeutung ein. Frühe Verfahren wie z.B. wissensbasierte Systeme (siehe Abschnitt 2.2.1) behandeln die Bildauswertung als Rekonstruktionsproblem: Durch die Ausführung von Regeln auf den aus dem Bild extrahierten Fakten werden neue Fakten mit höherem Abstraktionsgrad erzeugt, so dass iterativ eine semantische Beschreibung der Szene entsteht. Die Regeln stellen sicher, dass diese Szenenbeschreibung plausibel ist. Erweiterungen um ad-hoc definierte Unsicherheitsfaktoren in der Regelausführung erlauben diesen Ansätzen, bis zu einem gewissen Grad mit fehlerhaften Fakten umzugehen.

Die Wahrscheinlichkeitstheorie erlaubt es, Unsicherheiten explizit durch Wahrscheinlichkeiten zu beschreiben. Durch Formulierung der Bildauswertung als Bayes'sches Schätzproblem, können Wahrscheinlichkeiten ebenfalls zur Beschreibung von Unsicherheiten in einem Szenenmodell verwendet werden. Entsprechende Ansätze aus der Literatur sind in Abschnitt 2.2.5 aufgeführt. Die semantische Szenen-

beschreibung eines Bilds wird dabei durch eine Zufallsvariable repräsentiert, deren Wahrscheinlichkeitsverteilung mit Hilfe des Bayes-
Theorems bestimmt werden kann (z.B. [Porway et al., 2008]). Dieser
Ansatz bietet gerade im Hinblick auf die Anwendung in der interaktiven Bildauswertung folgende Vorteile:

Probabilistische Ansätze können mit unvollständigen und fehlerbehaf-
teten Informationen umgehen. Diese Situation tritt bei der interaktiven
Bildauswertung zwingend auf, da dem Bildauswerter bereits Hinweise
gegeben werden sollen, wenn erst eine unvollständige Beschreibung
der Objekte der Szene vorliegt.

Probabilistischen Ansätze erfordern keine domänenspezifische Kon-
trolllogik für die Regelausführung, wie dies bei wissensbasierten Systemen der Fall ist. Stattdessen wird das Vorwissen durch Wahrscheinlichkeitsverteilungen abgebildet. Jegliche Berechnungsvorschriften
folgen dabei direkt aus den Gesetzen der Wahrscheinlichkeitstheorie.
Methoden auf Basis der Wahrscheinlichkeitstheorie können so leichter
auf neue Domänen übertragen werden.

Durch Formulierung von marginalen Wahrscheinlichkeiten lassen sich
mit Hilfe probabilistischer Ansätze sehr vielseitige Fragestellungen
über einen komplexen Sachverhalt ableiten, sobald eine gemeinsame
Wahrscheinlichkeitsverteilung über sämtliche Variablen des Problems
bestimmt werden kann. In Hinblick auf die Bildauswertung bedeutet
dies, dass durch Marginalisieren der Wahrscheinlichkeitsdichte über
alle Szenenbeschreibungen Aussagen für bestimme Teilaspekte der
Szenenbeschreibung getroffen werden können. Ein Beispiel ist die
Wahrscheinlichkeit, welche bisher unentdeckten Objekte noch in der
Szene vorhanden sein könnten (siehe Abschnitt 4.2).

Aufgrund dieser Argumente basiert das vorgestellte Verfahren für die
Unterstützung der Bildauswertung ebenfalls auf einem probabilistischer Ansatz. Dabei werden die semantische Szenenbeschreibung und
die Szenenbeobachtung als Zufallsvariablen beschrieben. Die A-Priori
Wahrscheinlichkeitsverteilung $P(S)$ über die Menge aller möglichen

Szenenbeschreibungen $s \in S$ einer Domäne repräsentiert das Vorwissen über die Auftrittswahrscheinlichkeit einer entsprechenden Szene. Beispielsweise sind Flugplätze mit einer einzigen Start-/Landebahn in der Realität sehr selten. Szenenbeschreibungen die nur eine Start-/Landebahn enthalten, haben entsprechend eine niedrigere Wahrscheinlichkeit.

Durch eine Szenenbeobachtung $o \in O$ kann diese A-Priori Wahrscheinlichkeitsverteilung aktualisieren werden. Diese aktualisierte Wahrscheinlichkeitsverteilung ist die A-Posteriori Verteilung $P(S|O)$. Die Aktualisierung erfolgt aufgrund des Bayes-Theorems und der Wahrscheinlichkeitsverteilung $P(O = o|S = s)$. Diese Verteilung gibt die bedingte Wahrscheinlichkeit dafür an, dass die Szenenbeobachtung $o \in O$ auftritt, wenn eine bestimmte Szenenbeschreibung $s \in S$ gegeben ist. Sie repräsentiert die Wahrscheinlichkeit für fehlerhafte und unvollständige Szenenbeobachtungen und berücksichtigt Abweichungen zwischen der Modellierung und der Realität. Die Abhängigkeit zwischen diesen Wahrscheinlichkeitsverteilungen ist durch das Bayes-Theorem gegeben [Robert, 2007]:

$$P(S|O) = \frac{P(O|S) \cdot P(S)}{P(O)}$$

4.1

Um diesen Ansatz für die Interpretation von Objektanordnungen zu verwenden, müssen die folgenden Fragestellungen beantwortet werden:

- Wie kann die Menge aller Szenenbeschreibungen für eine Domäne in kurzer Form und auch für Experten verständlich modelliert werden? Wie kann eine entsprechende A-Priori Verteilung über dieser Menge definiert werden?

- Wie kann eine Korrespondenz zwischen den Elementen der semantischen Szenenbeschreibung und den Objektbeobachtungen der Szenenbeobachtung hergestellt werden? Wie wird daraus die bedingte Wahrscheinlichkeit der Szenenbeobachtung bestimmt?

Die dazu notwendigen Konzepte und Methoden sind Teil des probabilistischen Szenenmodells.

4.1 Definition des probabilistischen Szenenmodells

Abbildung 3.5 des Abschnitts 3.1.1 zeigt ein Beispiel für den Bildauswertebericht über die Auswertung einer Luftbildaufnahme eines Flugplatzes. Diese stichpunkartige, hierarchisch gegliederte Auflistung in Verbindung mit einem annotierten Bild stellt eine typische Form einer semantischen Szenenbeschreibung dar. Die Elemente dieser Szenenbeschreibung werden als *Szenenentitäten* bezeichnet. Sie repräsentieren entweder einzelne Objekte oder gruppieren Objekte aufgrund ihrer gemeinsamen Funktion zu einer eigenen Szenenentität. Die möglichen Funktionen sind durch *Funktionsklassen* beschrieben. Die Szenenentitäten sind entsprechend ihrer funktionalen Zusammensetzung hierarchisch gegliedert. Diese Gliederung lässt sich durch eine Baumstruktur darstellen (siehe Beispiel in Abbildung 4.2), den *Beschreibungsbaum*. Der Wurzelknoten des Beschreibungsbaums beschreibt dabei die gesamte Szene. Einzelne Objekte werden als Blattknoten repräsentiert (z.B. das Objekt mit der Funktionsklasse „Terminal Building"). Gruppen von Szenenentitäten, die gemeinsam einer übergeordnete Funktion dienen, werden entsprechend durch einen Knoten gruppiert (z.B. die Szenenentität „Passenger Terminal").

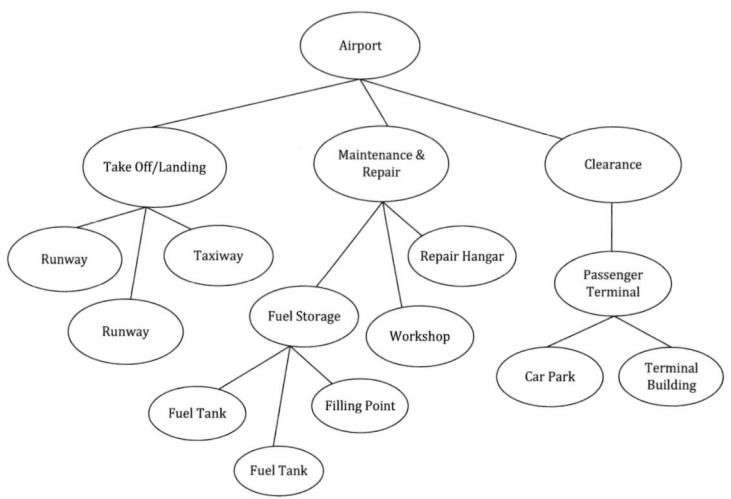

Abbildung 4.2

Darstellung einer semantischen Szenenbeschreibung durch ihren Beschreibungsbaum.

Definition 11 (Beschreibungsbaum). *Ein Beschreibungsbaum*
$s = (\Omega, G, f_S)$ *mit Knotenmenge Ω und Kantenmenge G repräsentiert*
eine semantische Szenenbeschreibung und ist definiert durch folgende
Eigenschaften:

- *Die Knotenmenge Ω enthält alle Szenenentitäten ω der semanti-*
  schen Szenenbeschreibung.
- *Die funktionalen Teil-von Relationen der Szenenentitäten ω sind*
  durch die Kantenmenge G beschrieben.
- *Die Abbildung $f_S \colon \Omega \to \Phi$ ordnet jeder Szenenentität ω eine Funk-*
  tionsklasse $\varphi \in \Phi$ zu.

Der in Abbildung 4.2 abgebildete Beschreibungsbaum ist ein Beispiel
für ein Element der Menge der möglichen semantischen Szenenbeschreibungen S einer Domäne. Durch Hinzufügen oder Entfernen von
Knoten im Beschreibungsbaum entsteht jeweils eine neue semantische

Szenenbeschreibung. Die Menge S ist für eine typische Domäne sehr groß, sodass ihre Elemente zur Modellierung nicht einfach aufgezählt werden können. Bildauswerter sind jedoch aufgrund ihrer Erfahrung in der Lage, Aussagen zu treffen, die die mögliche Struktur der Beschreibungsbäume einschränken und die entsprechenden Funktionsklassen genauer spezifizieren. Für die Abbildung dieser Aussagen eignen sich, angelehnt an die Modelle der automatisierten Bildauswertung, folgende Konzepte:

- **Objektmerkmale** - Wird die Funktion einer Funktionsklasse durch ein konkretes physikalisches Objekt als Szenenentität umgesetzt, so können die entsprechenden Objektmerkmale beschrieben werden. Beispiel: Ein „Runway" ist eine rechteckige asphaltierte Fläche mit einer Länge von 300-2000 m und einer Breite von 5-25 m.

- **Komposition** - Soll eine Funktionsklasse nicht durch ein einzelnes Objekt sondern durch eine Vielzahl von Objekten mit unterschiedlichen Funktionsklassen beschrieben werden, so kann sie durch die notwendigen Teilfunktionsklassen und die Anzahl der entsprechenden Szenenentitäten genauer definiert werden. Dies entspricht der Teil-von Relation zwischen Objektmodellen in den Verfahren der automatischen Bildauswertung. Beispiel: Eine „Runway Area" enthält ein bis fünf „Runways" und ein bis drei „Taxiways". Übersetzt in die Nomenklatur des Beschreibungsbaums bedeutet dies: Eine Szenenentität mit der Funktionsklasse „Runway Area" ist zusammengesetzt aus einer bis fünf Szenenentitäten mit der Funktionsklasse „Runway" und einer bis drei Szenenentitäten der Funktionsklasse „Taxiway". Die Unsicherheit über die Anzahl der Szenenentitäten einer Funktionsklasse wird durch eine Wahrscheinlichkeitsverteilung repräsentiert. Im einfachsten Fall ist dies eine diskrete Gleichverteilung über einem Intervall.

- **Taxonomie** – Einige Funktionsklassen fassen eine Menge von konkreteren Funktionsklassen zu einem Oberbegriff zusammen (z.B. fasst die Funktionsklasse „Airfield" die Funktionsklassen „Jet

Airfield", „Airport", „Heliport" zusammen). Dies entspricht der Art-von Relation zwischen Objektmodellen in den Verfahren der automatischen Bildauswertung. In einer konkreten semantischen Szenenbeschreibung kann nur eine dieser konkreteren Funktionsklassen vorkommen. Die Auftrittswahrscheinlichkeit der spezifischen Funktionsklassen wird durch eine diskrete Wahrscheinlichkeitsverteilung repräsentiert.

Die folgenden Definitionen von Funktionsklassenmodellen formalisieren diese unterschiedlichen Modellierungskonzepte für den Einsatz im Szenenmodell. Taxonomische Funktionsklassenmodelle beschreiben eine Funktionsklasse durch eine Menge von konkreteren Funktionsklassen und modellieren deren Auftrittswahrscheinlichkeit durch eine bedingte Wahrscheinlichkeitsverteilung.

Definition 12 (Taxonomisches Funktionsklassenmodell). *Ein taxonomisches Funktionsklassenmodell ordnet einer abstrakten Funktionsklasse φ eine Menge Φ_T von konkreten Funktionsklassen $\Phi_T \subset \Phi, \varphi \notin \Phi_T$ zu. Die Auftrittswahrscheinlichkeit einer konkreteren Funktionsklasse $\varphi' \in \Phi_T$ ist definiert durch die Wahrscheinlichkeitsverteilung $P_T(\varphi' \mid \varphi)$.*

Kompositionale Funktionsklassenmodelle dienen der Beschreibung von Szenenentitäten, die aus mehreren Szenenentitäten zusammengesetzt sind. Das kompositionale Funktionsklassenmodell fasst die Funktionsklassen dieser Szenenentitäten zusammen, und beschreibt die jeweilige Anzahl der Szenenentitäten für eine Funktionsklasse durch eine Wahrscheinlichkeitsverteilung.

Definition 13 (Kompositionales Funktionsklassenmodell*). Ein kompositionales Funktionsklassenmodell ordnet einer Funktionsklasse φ eine Menge von möglichen Teilfunktionsklassen $\Phi_C \subset \Phi, \varphi \notin \Phi_C$ zu. Die Anzahl (Kardinalität) K der Szenenentitäten mit der Teilfunktionsklasse $\varphi' \in \Phi_C$, die in einem Beschreibungsbaum als Unterknoten einer Szenenentität mit der Funktionsklasse φ auftreten können, ist definiert durch die Wahrscheinlichkeitsverteilung $P_C(K \mid \varphi', \varphi)$.*

Funktionsklassen, die bereits konkrete und nicht weiter aufzuteilende Szenenentitäten (einzelne Objekte) repräsentieren, sind durch atomare Funktionsklassenmodelle definiert. Sie beschreiben die erwarteten Merkmale der Objekte, die einer bestimmten Funktionsklasse zugeordnet werden können.

Definition 14 (Atomares Funktionsklassenmodell). *Ein atomares Funktionsklassenmodell ordnet einer Funktionsklasse φ eine Menge von Merkmalen zu. Szenenentitäten dieser Funktionsklasse φ sind Blattknoten des Beschreibungsbaums.*

Taxonomische und kompositionale Funktionsklassenmodelle setzen die Funktionsklassen untereinander in Beziehung und bestimmen damit die Struktur der Beschreibungsbäume. Atomare Funktionsklassenmodelle definieren die Merkmale von konkreten und nicht weiter aufzuteilenden Szenenentitäten einer Funktionsklasse. Ein probabilistisches Szenenmodell fasst sämtliche Funktionsklassenmodelle einer Domäne zusammen. Damit daraus die Menge alle möglichen semantischen Szenenbeschreibungen in Form eines Beschreibungsbaums generiert werden kann, enthält es zusätzlich die abstrakte Funktionsklasse des Wurzelknotens der Beschreibungsbäume (z.B. „Airfield" für die Domäne Flugplätze).

Definition 15 (Probabilistisches Szenenmodell). *Ein probabilistisches Szenenmodell ist definiert durch das Tupel (Φ, M, φ_0) mit der Menge der möglichen Funktionsklassen Φ, der Menge der Funktionsklassenmodelle M und der Funktionsklasse φ_0. φ_0 definiert die abstrakte Funktionsklasse des Wurzelknotens der Beschreibungsbäume.*

Abbildung 4.3 zeigt einen Teil eines vereinfachten Szenenmodells der Domäne Flugplatz. Die darin abgebildeten Blöcke stehen jeweils für ein Funktionsklassenmodell. Das Funktionsklassenmodell „Airfield" ist als Funktionsklasse φ_0 des Szenenmodells definiert. Es ist ein taxonomisches Funktionsklassenmodell und beschreibt in der Domäne Flugplatz die verschiedenen Arten von Flugplätzen, die anhand ihres Verwendungszwecks unterschieden werden können.

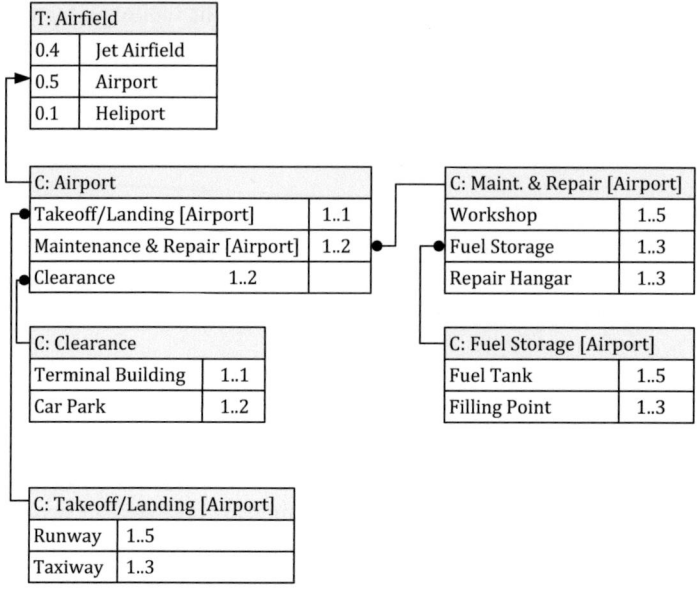

Abbildung 4.3

Beispiel eines probabilistischen Szenenmodells für Flugplätze (Ausschnitt), angelehnt an die Notation von UML-Klassendiagrammen. Die Funktionsklassenmodelle sind durch Tabellen repräsentiert und je nach Typ mit einem Kürzel versehen (T: Taxonomisch, C: Kompositional). Beispiele für atomare Funktionsklassenmodelle sind „Runway" und „Taxiway". Bei den taxonomischen Modellen ist die Auftrittswahrscheinlichkeit in der ersten Spalte angegeben. Bei den kompositionellen Modellen werden jeweils in der zweiten Spalte Gleichverteilungen für die Kardinalität der Szenenentitäten von Teilfunktionsklassen angegeben.

Das kompositionale Funktionsklassenmodell „Airport" beschreibt einen zivilen Flughafen als eine mögliche Ausprägung eines Flugplatzes. Es ist mit der Auftrittswahrscheinlichkeit 0,5 versehen. Der Aufbau eines solchen zivilen Flughafens ist durch das kompositionale Funktionsklassenmodell „Airport" beschrieben. Es besteht aus einem Start-Landebahnbereich („Take off / Landing"), einem Abfertigungsbereich („Clearance") und einem Wartungs- und Reperaturbereich („Mainte-

nance & Repair"). Die Auftrittshäufigkeit dieser einzelnen Teilfunktionsklassen ist im kompositionalen Funktionsklassenmodell durch eine
Wahrscheinlichkeitsverteilung angegeben. Im Beispiel von Abbildung
4.3 sind diese Wahrscheinlichkeitsverteilungen durch diskrete Gleichverteilungen über einem Intervall von möglichen Anzahlen angegeben.
So können ein oder zwei Parkplätze („Car Park") in einem Abfertigungsbereich („Clearance") vorkommen; die Wahrscheinlichkeit dafür
ist jeweils 0,5.

Der folgende Algorithmus verallgemeinert diese rekursive Vorgehensweise zur Konstruktion von Beschreibungsbäumen aus dem probabilistischen Szenenmodell. Er ermöglicht es, sämtliche Beschreibungsbäume $s \in S$ einer Domäne zu generieren und deren Auftrittswahrscheinlichkeit $P(s)$ zu bestimmen:

1. Erstelle eine Szenenentität als Wurzelknoten des Interpretati-
   onsbaumes, ordne ihm φ_0 zu. Initialisiere $P_0(s) := 1$.
2. Für jede Szenenentität, der eine Funktionsklasse φ mit taxono-
   mischem Funktionsklassenmodell zugeordnet ist: Wähle entsprechend Definition 12 ein konkretere Funktionsklasse φ' aus
   Φ_T, erstelle eine Szenenentität mit dieser Funktionsklasse und
   aktualisiere die Wahrscheinlichkeit des Beschreibungsbaums
   durch:

$$P_{k+1}(s) = P_k(s) \cdot P_T(\varphi' \mid \varphi)$$

4.2

3. Für jede Szenenentität, der eine Funktionsklasse φ mit komposi-
   tionellem Funktionsklassenmodell zugeordnet ist, führe folgende
   Aktion aus: Erzeuge für jede Teilfunktionsklasse $\varphi' \in \Phi_C$ eine
   Anzahl K Szenenentitäten als Kindknoten, sodass $P_C(K \mid \varphi', \varphi) >$
   0 gilt und aktualisiere die Wahrscheinlichkeit des Beschreibungsbaums durch:

$$P_{k+1}(s) = P_k(s) \cdot P_C(K \mid \varphi', \varphi)$$

4.3

4. Wiederhole Schritt 2 und 3 bis keine Szenenentität eines taxonomischen Funktionsklassenmodells verbleibt und bis für alle Szenenentitäten kompositionaler Funktionsklassenmodelle Schritt 3 durchgeführt wurde.

5. Setze $P(s) = P_k(s)$

Werden die Entscheidungen in Schritt 2 und in Schritt 3 gemäß der Wahrscheinlichkeitsverteilungen aus den Funktionsklassenmodellen getroffen, so generiert der Algorithmus unmittelbar Stichproben aus der Verteilung $P(S = s)$.

4.2 Inferenz über eine Szene und ihre Elemente

Während der Bildauswertung markiert der Bildauswerter Objekte in einer Bilddarstellungssoftware und macht sie damit dem System bekannt. Diese Objekte, deren Merkmale und deren räumliche Relationen sind Bestandteile einer Szenenbeobachtung. Für die Repräsentation einer relationalen Struktur wie der Szenenbeobachtung werden in der Literatur attributierte relationale Graphen (siehe auch Abschnitt 2.2.3) verwendet.

Definition 16 (Szenenbeobachtung). *Die Szenenbeobachtung* $o = (\Lambda, R, A_\Delta, A_R)$ *ist ein attributierter relationaler Graph mit der Knotenmenge* Λ, *der Kantenmenge* R, *der Menge der Knotenattribute* A_Δ *und der Menge der Kantenattribute* A_R *mit folgenden Eigenschaften:*

- *Die Knotenmenge* Λ *repräsentiert die Menge aller im Szenenabbild I entdeckten Objekte* λ_i.
- *Die Kantenmenge* R *repräsentiert die räumlichen Relationen zwischen den Objekten.*
- *Die Attributmenge* A_Δ *repräsentiert die Attribute der Objekte.*
- *Die Attributmenge* A_R *repräsentiert die Attribute der räumlichen Relationen.*

Graphen und Baumstrukturen eignen sich besonders gut, um relationalen Strukturen wie die semantische Szenenbeschreibung oder die Szenenbeobachtung abzubilden. Ein allgemeines Problem ist hier jedoch, eine Abstandsfunktion zu definieren, die den Grad der Übereinstimmung zwischen zwei Graphen quantifizierbar macht. Diese Fragestellung wird in der Informatik als Graph-Matching Problem definiert [Jiang und Bunke, 2008]. Die prominentesten Ansätze zum Vergleich zweier Graphen sind:

- Bestimmung der Graph-Edit-Distanz, d.h. der minimalen Anzahl der Operationen (Hinzufügen/Löschen von Knoten und Kanten), um einen Graphen in den zu vergleichenden Graphen zu überführen [Jiang und Bunke, 2008].

- Bestimmung einer Distanzfunktion aufgrund des maximalen gemeinsamen Teilgraphen (Ein maximaler gemeinsamer Teilgraph ist isomorph zu jeweils einem Teilgraphen der beiden zu vergleichenden Graphen. Es existiert kein anderer gemeinsamer Teilgraph, der eine größere Anzahl an Knoten enthält). Die Anzahl der Knoten, die nicht im maximalen gemeinsamen Teilgraphen enthalten sind, ist dabei maßgeblich für die Distanzfunktion [Jiang und Bunke, 2008].

Geht es lediglich darum, die Strukturen von Graphen zu vergleichen, eignen sich diese Verfahren gut zur Bestimmung eines Distanzmaßes. Die Knoten und Kanten der Szenenbeobachtung beinhalten jedoch Attribute, die aus einem Luftbild extrahiert sind und daher zusätzlich mit Unsicherheit behaftet sind. Diese Unsicherheit muss beim Vergleich der Graphen entsprechend berücksichtigt werden. Abschnitt 4.3 beleuchtet dieses Problem detailliert im Zusammenhang mit der Berücksichtigung von räumlichen Relationen. Zunächst sei angenommen, dass eine Zuordnung zwischen Beschreibungsbaum und Szenenbeobachtung bestimmt werden konnte:

Definition 17 (Zuordnung). *Eine Zuordnung* m *ist ein Tupel* $m = (s, o, \Lambda_Z, \; \Omega_Z, f_m)$ *mit folgenden Eigenschaften:*

- *s repräsentiert einen Beschreibungsbaum mit der Menge der Szenenentitäten Ω,*
- *o repräsentiert eine Szenenbeobachtung mit der Knotenmenge Λ,*
- *$\Lambda_Z \subseteq \Lambda$ ist die Menge der zugeordneten Objekte,*
- *$\Omega_Z \subseteq \Omega$ ist die Menge der zugeordneten Szenenentitäten,*
- *die injektive Abbildung $f_m: \Lambda_Z \rightarrow \Omega_Z$ definiert die Zuordnung zwischen Objekten und Szenenentitäten.*

Abbildung 4.4 stellt beispielhaft eine solche Zuordnung zwischen einer semantischen Szenenbeschreibung und einer Szenenbeobachtung dar. Sowohl im Beschreibungsbaum als auch in der Szenenbeobachtung konnte ein Teil der Knoten nicht zugeordnet werden. Würde vorausgesetzt, dass die Objekte der Szene stets fehlerfrei anhand des Luftbilds beschrieben und der korrekten Szenenentität zugeordnet werden können, dürfte nur eine vollständige Übereinstimmung zwischen Szenenbeobachtung und Beschreibungsbaum akzeptiert werden. Die folgenden Faktoren verursachen jedoch eine unvollständige Übereinstimmung:

- Auch in einem Zwischenzustand der Auswertung, d.h. wenn noch nicht alle sichtbaren Objekte in der Szenenbeobachtung aufgenommen sind, sollen Schlussfolgerungen abgeleitet werden. Dies führt zu nicht zugeordneten Knoten im Beschreibungsbaum.

- Um das probabilistische Szenenmodell mit vertretbarem Aufwand zu erstellen, müssen Vereinfachungen bei der Modellierung gemacht werden. So können beispielsweise in der Bauphase befindliche Anlagen, bei denen einige Objekte noch nicht fertiggestellt sind, nicht mit berücksichtigt werden. Ebenso können regionale Unterschiede, die sich aufgrund des besonderen Klimas oder besonderer Sicherheitsbestimmungen ergeben, zu erheblichen Unterschieden im Aufbau von Szenen aus dieser Region führen. Dies führt ebenfalls zu nicht zugeordneten Knoten im Beschreibungsbaum.

- Häufig können nur der Objekttyp (z.B. Gebäude oder Straße) und wenige Eigenschaften (z.B. die Dimensionen) zuverlässig anhand des Luftbilds festgestellt werden. Dies kann dazu führen, dass die notwendige Konfidenz für die Zuordnung eines Objekts zu einer Szenenentität nicht erreicht wird, und daher Knoten der Szenenbeobachtung und des Beschreibungsbaums unzugeordnet verbleiben.

Die bedingte Wahrscheinlichkeitsverteilung $P(O|S)$ soll den Einfluss dieser Faktoren modellieren. Die folgenden Mengen beschreiben die Widersprüche zwischen einer Szenenbeobachtung und einer semantischen Szenenbeschreibung:

- Die Menge $\Lambda_M = \Lambda \setminus \Lambda_Z$ der in der Szenenbeobachtung vorhandenen, jedoch nicht zugeordneten Objekte,
- Die Menge $\Omega_M = \Omega \setminus \Omega_Z$ der in der semantischen Szenenbeschreibung vorhandenen, aber nicht zugeordneten Szenenentitäten.

Für die bedingte Wahrscheinlichkeit $P(O|S)$ wurde daher folgende Funktion gewählt:

$$P(O|S) \propto \exp(-\alpha_\Lambda \cdot |\Lambda_M| - \alpha_\Omega \cdot |\Omega_M|)$$

4.4

Die Parameter α_Λ und α_Ω kontrollieren den Einfluss der beiden Mengen. Mit der so definierten bedingten Wahrscheinlichkeitsverteilung und der A-Priori Wahrscheinlichkeitsverteilung aus dem probabilistischen Szenenmodell ist die A-Posteriori Wahrscheinlichkeitsverteilung nach dem Bayes-Theorem eindeutig definiert. Bayes'sche Inferenz ermöglicht es nun, aufgrund dieses Modells über die folgenden relevanten Fragestellungen Aussagen zu treffen:

a) **Welche Funktion hat die beobachtete Szene?** Dazu muss die Wahrscheinlichkeitsverteilung über die Funktionsklasse φ bestimmt werden, die dem Wurzelknoten der Beschreibungsbäume zugeordnet wurde.

b) **Welche Objekte sind wahrscheinlich noch nicht entdeckt worden?** Dazu muss die Wahrscheinlichkeit berechnet werden, dass mindestens eine Szenenentität der Funktionsklasse φ keinem Objekt in der Szenenbeobachtung zugeordnet werden konnte.

c) **Welche Funktion hat ein bestimmtes Objekt der Szenenbeobachtung?** Dazu muss die Wahrscheinlichkeitsverteilung über die Funktionsklasse φ der Szenenentität bestimmt werden, die einem bestimmten Objekt zugeordnet wurde.

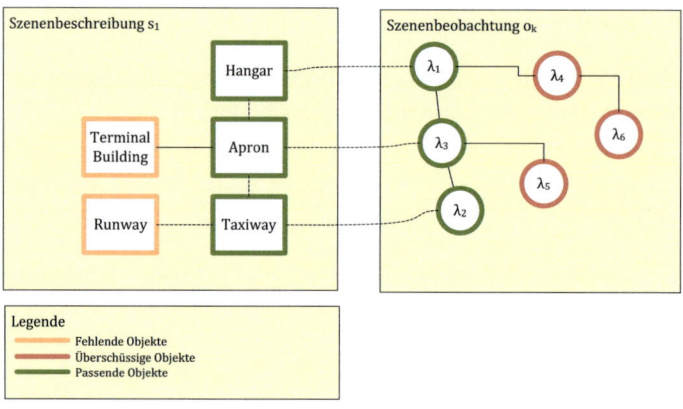

Abbildung 4.4

Zuordnung der Objekte einer Szenenbeobachtung zu den Szenenentitäten der semantischen Szenenbeschreibung (gestrichelte Linien, grüne Markierung). Braun markierte Objekte der Szenenbeobachtung konnten nicht zugeordnet werden (überschüssige Objekte). Überschüssige Szenenentitäten (orangefarbene Markierung) deuten hingegen auf fehlende Objekte hin. Szenenentitäten, die keinem physikalischen Objekt entsprechen, sind ausgeblendet.

Die Wahrscheinlichkeit einer solchen Aussage X lässt sich durch den Erwartungswert einer Indikatorfunktion ausdrücken:

$$P(X|O) = E_{S|O}\big(I_X(S,O)\big)$$

4.5

Abhängig von einer Szenenbeschreibung und einer Szenenbeobachtung gibt die Indikatorfunktion I_X an, ob die Bedingung für die Zuordnung $m(s,o)$ zutrifft:

$$I_X\big(m(s,o)\big) = \begin{cases} 1, & \text{Bedingung } X \text{ trifft für die Zuordnung } m(s,o) \text{ zu,} \\ 0, & \text{sonst} \end{cases}$$

4.6

Die folgenden Indikatorfunktionen entsprechen den Fragestellungen a, b und c. Die Funktion der gesamten Szene in einer semantischen Szenenbeschreibung entspricht der Funktionsklasse des Wurzelknoten eines Beschreibungsbaums. Die möglichen Funktionsklassen dieser Szenenentität sind im taxonomischen Funktionsklassenmodell φ_0 des probabilistischen Szenenmodells abgebildet. Die folgende Indikatorfunktion I_F prüft, ob ein bestimmtes Funktionsklassenmodell φ Teil des Beschreibungsbaums s einer Zuordnung $m(s,o)$ ist.

$$I_F(\varphi, m(s,o)) = \begin{cases} 1, & \text{wenn } \exists\ \omega \in \varOmega, \lambda \in \varLambda_Z \text{ mit } f_m(\lambda) = \omega \\ 0, & \text{sonst} \end{cases}$$

4.7

Der Erwartungswert dieser Indikatorfunktion gegeben der A-Posteriori Wahrscheinlichkeit entspricht dann der Wahrscheinlichkeit, dass das Funktionsklassenmodell φ in der zu beschreibenden Szene auftritt. Durch Einsetzen der konkreteren Funktionsklassenmodelle des taxonomischen Funktionsklassenmodells φ_0 kann die Wahrscheinlichkeitsverteilung über die Funktion der Szene bestimmt werden (dies entspricht Fragestellung a).

In ähnlicher Weise lässt sich bestimmen, welche Objekte der Szene möglicherweise noch nicht entdeckt wurden. Die folgende Indikatorfunktion prüft, ob im Beschreibungsbaum eine Szenenentität existiert, die einem bestimmten Funktionsklassemodell φ zugeordnet ist, jedoch keinem Objekt in der Szenenbeobachtung zugeordnet wurde.

$$I_U(\varphi, m(s, o)) = \begin{cases} 1, & \text{wenn } \exists\ \omega \in \Omega_M \text{ mit } f_S(\omega) = \varphi, \\ 0, & \text{sonst} \end{cases}$$

4.8

Der Erwartungswert dieser Indikatorfunktion gegeben der A-Posteriori Wahrscheinlichkeit entspricht dann der Wahrscheinlichkeit, dass in der Szene ein unentdecktes Objekt mit dem Funktionsklassenmodell φ existiert.

Die folgende Indikatorfunktion I_O spiegelt die Tatsache wider, dass einem Objekt o der Objektbeobachtung ein bestimmtes Funktionsklassenmodell φ zugeordnet ist. Der entsprechende Erwartungswert bezüglich der A-Posteriori Wahrscheinlichkeit liefert die Wahrscheinlichkeit für dieses Ereignis.

$$I_O(\lambda, \varphi, s, o)$$
$$= \begin{cases} 1, & \text{wenn } \exists\ \omega \in \Omega, \lambda \in \Lambda_Z \text{ mit } f_S(\omega) = \varphi \wedge f_m(\omega) = \lambda \\ 0, & \text{sonst} \end{cases}$$

4.9

Die Wahrscheinlichkeiten der durch diese Indikatorfunktionen definierten Ereignisse sollen zur Unterstützung des Bildauswerters in einem Unterstützungssystem eingesetzt werden (siehe Kapitel 5, Abschnitt 5.1.2).

Um die Erwartungswerte bestimmen zu können, muss die A-Posteriori Verteilung bekannt sein. Das Bayes-Theorem ist dafür die Grundlage. Die Umsetzung im Rechner erfordert die Berechnung der Summe im Nenner des Bayes-Theorems. Dazu muss über die Menge aller möglichen semantischen Szenenbeschreibungen iteriert werden. Diese Menge ist jedoch sehr umfangreich und dies führt dazu, dass die Berechnung nicht in einer Zeitspanne möglich ist, die für den Einsatz in einem interaktiven System geeignet ist.

Kann auf die exakte Bestimmung der A-Posteriori Wahrscheinlichkeit zu Gunsten einer Näherungslösung verzichtet werden, so können mit entsprechenden Approximationsverfahren kürze Berechnungszeiten erreicht werden. Das Markow-Chain-Monte-Carlo (MCMC) Verfahren [Robert 2007] ist ein sehr populäres Verfahren zur Approximation von Integralen und Summen und zur Bayes'schen Inferenz. Ziel dieses Verfahrens ist es, eine Markow-Kette zu konstruieren, deren stationäre Verteilung $\pi(x)$ der gesuchten A-Posteriori Verteilung entspricht.

$$\pi(x) = P(x|y) = \frac{P(x)P(y|x)}{\sum_X P(x)P(y|x)}$$

4.10

Wenn die Realisierungen $x^{(n)}$ der Markow-Kette der gesuchten Verteilung genügen (d.h. es gilt $x^{(n)} \backsim \pi(x)$), können sie verwendet werden, um Erwartungswerte einer beliebigen Funktion t der Zufallsvariable zu approximieren, denn es gilt:

$$\bar{t} = \frac{1}{n}\sum_{i=0}^{n} t(x^{(i)}) \rightarrow E_\pi\big(t(x)\big)$$

4.11

Der Metropolis Hastings-Algorithmus beschreibt, wie eine solche Markow-Kette konstruiert werden kann [Chib and Greenberg, 1995]:

1. Setze $k = 0$, wähle einen Startwert $x^{(0)}$
2. Erzeuge x' aus einer Vorschlagsverteilung $q(x', x^{(k)})$
3. Berechne die Akzeptanzwahrscheinlichkeit

$$\alpha\big(x', x^{(k)}\big) = \min\left\{1, \frac{\pi(x')q\big(x^{(k)}, x'\big)}{\pi(x^{(k)})q(x', x^{(k)})}\right\}$$

4.12

4. Akzeptiere x' zufällig mit der Akzeptanzwahrscheinlichkeit α. In diesem Fall setze

$$x^{(k+1)} = x',$$

4.13

ansonsten setze

$$x^{(k+1)} = x^{(k)}.$$

4.14

5. Erhöhe k um 1, Fahre fort mit Schritt 2.

Die so beschriebene Markow-Kette hat die stationäre Verteilung $\pi(x)$. Da die Akzeptanzwahrscheinlichkeit α vom Verhältnis $\pi(x')/\pi(x^{(k)})$ abhängt, reicht es, die Verteilung $\pi(x)$ lediglich bis auf einen konstanten Faktor zu kennen. Damit genügt es, den Zähler des Bayes-Theorems zu kennen, um die A-Posteriori Wahrscheinlichkeitsverteilung und Erwartungswerte der Indikatorfunktion zu bestimmen.

Die einzige formale Anforderung an den Metropolis-Hastings Algorithmus ist, dass die Vorschlagsverteilung $q(x', x^{(k)})$ im gesamten Definitionsbereich von $\pi(x)$ positiv ist. Sie gibt an, mit welcher Wahrscheinlickeit der Wert x' vorgeschlagen wird, wenn zuvor der Zustand $x^{(k)}$ gültig war. In der Praxis ist es meist schwierig, diese Vorschlagsverteilung günstig zu wählen. Die Realisierungen der Markow-Kette können je nach Wahl der Vorschlagsfunktion und den Eigenschaften der zu approximierenden Wahrscheinlichkeitsverteilung stark miteinander korreliert sein. Dies erhöht die Anzahl der Realisierungen, um eine gute Approximation von Erwartungswerten zu erreichen (Konvergenzeigenschaft). Hinzu kommt, dass bei ungünstiger Wahl der ersten Realisierung zunächst viele Realisierungen mit niedriger Wahrscheinlichkeit erzeugt werden (sogenannte Burn-In Phase) [Chib and Greenberg, 1995].

Für die Wahl der Vorschlagsverteilung $q(x', x^{(k)})$ gibt es wenige allgemeingültige Anhaltspunkte. In der Anwendung werden daher üblicherweise unterschiedliche Vorschlagsverteilungen empirisch auf ihre Konvergenzeigenschaften geprüft. Der einfachste Ansatz bei Bayes'schen Inferenzproblemen ist, die A-Priori Verteilung als Vorschlagsverteilung zu wählen. Sie ist im Gegensatz zur allgemeinen Form der Vorschlagsverteilung unabhängig von der aktuellen Realisierung in der Markow-Kette. Für die Inferenz aus dem probabilistischen Szenenmodell eignet sie sich besonders gut, da der Algorithmus zur

Generierung aller möglichen Szenenbeschreibungen es ermöglicht, Realisierungen entsprechend der A-Priori Verteilung zu erzeugen. Daher wurde die A-Priori Verteilung als Vorschlagsverteilung gewählt. Durch einsetzen in Gleichung 4.12 ergibt sich der folgender Algorithmus zur Bestimmung der A-Posteriori Wahrscheinlichkeitsverteilung $P(S|O = o)$:

1. Setze $k = 0$, wähle einen Startwert $s^{(0)}$ aus der A-Priori Verteilung $P(S)$
2. Erzeuge ein neues s' aus der A-Priori-Verteilung $P(S)$
3. Berechne die Akzeptanzwahrscheinlichkeit

$$\alpha\big(s', s^{(k)}\big) = \min\left\{1, \frac{P(O = o|S = s')}{P(O = o|S = s^{(k)})}\right\}$$

4.15

4. Akzeptiere s' zufällig mit der Akzeptanzwahrscheinlichkeit α. In diesem Fall setze

$$s^{(k+1)} = s',$$

4.16

   ansonsten

$$s^{(k+1)} = s^{(k)}.$$

4.17

5. Erhöhe k um 1, fahre fort mit Schritt 2.

Abbildung 4.5 zeigt das Ergebnis einer empirischen Konvergenzuntersuchung für die geschätzte Wahrscheinlichkeit, dass ein bestimmter Objekttyp noch unbeobachtet ist (Erwartungswert I_U). Dazu wird die Approximation des Erwartungswerts auf Basis von unterschiedlichen Anzahlen von Realisierungen bestimmt. Zu jeder Realisierungsanzahl werden 1000 Durchläufe der Markow-Kette entsprechend dem zuvor beschriebenen Metropolis-Hastings Algorithmus ausgeführt und der Erwartungswert I_U für eine bestimmte Funktionsklasse bestimmt.

Mittelwert und Standardabweichung des approximierten Erwartungs-werts sind über der Anzahl der Realisierungen aufgetragen. Die Unter-suchung basiert auf einer Ausprägung des probabilistischen Szenen-modells für Flugplätze. Ab ca. 30.000 Stichproben ist die Schätzung für die Wahrscheinlichkeit stabil. Diese Anzahl kann mit einem Pentium Core Duo CPU unter 100 ms bestimmt werden. Um die Mehrkernarchi-tektur moderner Prozessoren besser zu nutzen, werden dabei parallel mehrere Durchläufe der Markow-Kette berechnet und die gesammel-ten Realisierungen anschließend zu einer Gesamtmenge vereint.

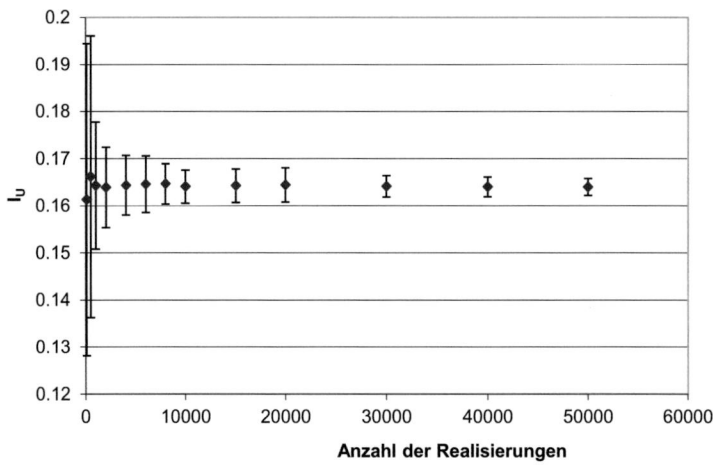

Abbildung 4.5

Mittelwert und Standardabweichung der Schätzung eines Erwartungswerts mit Hilfe der Markow-Chain Monte Carlo Methode, abhängig von der Anzahl der Reali-sierungen der Markow-Kette. Es handelt sich dabei um die Wahrscheinlichkeit, dass ein Gebäude auf einem Flugplatz der Funktionsklasse „Terminal Building" entspricht.

4.3 Modellierung räumlicher Relationen

Der räumliche Kontext ist bei der Objekterkennung in Luftbildern ausschlaggebend um Mehrdeutigkeiten aufzulösen und eine belastbare Aussage zu treffen. Räumliche Relationen dienen dazu, den räumlichen Kontext näher zu beschreiben. In bisherigen Systemen zur Unterstützung der interaktiven Bildauswertung bei der Objekterkennung wurden lediglich Objektmerkmale genutzt [Bauer und Geisler, 2009]. Bei komplexen Szenen wie z.B. Flugplätzen, Hafenanlagen und Industrieanlagen sind räumliche Relationen jedoch besonders aufschlussreich, um die Funktion von einzelnen Objekten und der gesamten Anlage zu bestimmen. Denn die räumliche Anordnung von Objekten wird in solchen Anlagen bewusst von den Konstrukteuren gewählt, so dass sie in ihrer Gesamtheit die Funktion der Anlage besonders effizient erfüllen können. Für die räumlichen Relationen zwischen den Objekten bedeutet dies, dass die Wege zwischen den Anlageelementen für einen schnelleren Ablauf eines Prozesses besonders kurz gehalten werden müssen. Sei es bei einem industriellen Fertigungsprozess, dem Be- und Entladen von Transportfahrzeugen oder dem Einsteigen und Aussteigen von Personen im Personenverkehr, überall hat dieser Transportweg zwischen den einzelnen Einrichtungen einen erheblichen Einfluss. Das Streben nach optimierten Transportwegen spiegelt sich entsprechend in den räumlichen Relationen zwischen den Einrichtungen einer Anlage wider. Als Beispiel illustriert Abbildung 4.6 die Parallele zwischen dem Prozessablauf und der räumlichen Nähe der dazugehörigen Einrichtungen für den Passagierabfertigungsprozess eines Flughafens.

Neben der Optimierung der Transportwege können sich noch weitere Anforderungen an die Anlage in der räumlichen Anordnung der Objekte niederschlagen. Gefährliche Stoffe dürfen beispielsweise aus Sicherheitsgründen nicht in unmittelbarer Nähe von Orten gelagert oder verarbeitet werden, an denen sich große Menschenmengen aufhalten. Diese Randbedingungen spiegeln sich ebenfalls in der räumlichen Struktur solcher Anlagen wider. Die herausfordernde Aufgabe des Bildauswerters besteht bei der Auswertung darin, sich in die Konstrukteure der Anlage hinein zu versetzen, um so aufgrund der räumlichen Relationen auf Prozesse und die Funktionen der Objekte schließen zu können. Bisherige Unterstützungssysteme bieten für diese Aufgabe keine Unterstützungsfunktion an.

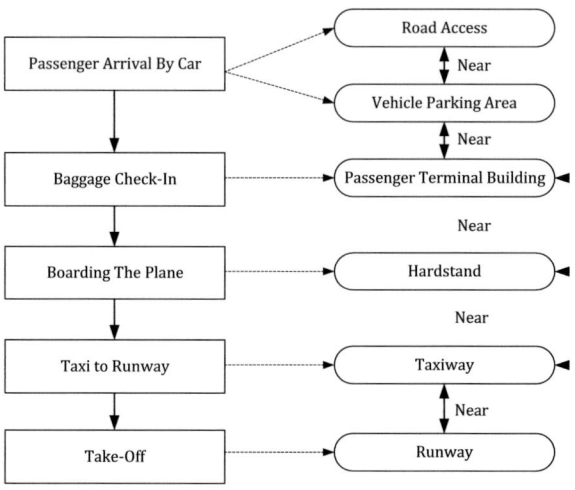

Abbildung 4.6

Zusammenhang zwischen der räumlichen Nähe der Objekte (rechts) und dem Passagierabfertigungsprozess eines Flughafens (links).

Verfahren zur automatischen Bildauswertung (siehe Übersicht der Verfahren in Kapitel 2.2) nutzen räumlichen Relationen intensiv für die folgenden Zwecke [Hudelot, 2008]:

- Ableitung von weiteren, komplexeren räumlichen Relationen,
- Konsistenzprüfung einer entdeckten räumlichen Konfiguration,
- Steuerung von signalnahen Bildverarbeitungsprozessen aufgrund der räumlichen Kriterien (z.B. wird der Himmel und Wolken in einem Foto am oberen Bildrand erwartet),

- Steuerung der Objektdetektion (zur Anpassung der Entscheidungsschwelle für die Detektion eines Objekts, abhängig vom räumlichen Kontext, z.B. bei Fahrzeugen auf einer Straße),
- Gruppierung von Bildelementen zu höherliegenden Strukturen.

Räumliche Relationen lassen sich nach topologischen und metrischen Relationen unterscheiden:

- Topologische Relationen beschreiben die Art der Überdeckung zwischen zwei oder mehr Regionen. Überdecken beide Regionen ein gemeinsames Gebiet des Raums, sind also nicht disjunkt, so können weitere Unterscheidungen je nach Beschaffenheit der gemeinsamen Region getroffen werden. Für die formale Definitionen dieser Relationen, wie „beinhaltet", „überlappt", „grenzt an", etc. existieren verschiedene Modelle, wie z.B. der „Region Connection Calculus" [Randell et al., 1992] oder das „9-Intersection Model" [Egendorfer and Herring, 1990]. Für den Bildauswerter spielen davon die Relation „beinhaltet" oder „ist beinhaltet in" eine Rolle (siehe Abschnitt 3.1.3).
- Metrische Relationen beschreiben die relative Lage (Entfernung, Orientierung) einer Region zu einer Referenzregion, unter Annahme eines bestimmten Referenzsystems [Retz-Schmidt, 1988]. Bei einem intrinsischen Referenzsystem sind Orientierungs- und Entfernungsrelationen durch die Eigenschaften einer Referenzregion (Größe, Form) bestimmt. Typische Beispiele für Relationen eines intrinsischen Referenzsystems sind Angaben zur relativen Orientierung („links von", „rechts von", „vor" und „hinter"). Bei einem extrinsischen Referenzsystem, z.B. ein geographische Koordinatensystem, existieren Orientierungsrelationen in Bezug zum Referenzsystem, wie z.B. die vier Himmelsrichtungen. Absolute geographische Entfernungen z.B. bezüglich der Schwerpunkte von Regionen stellen eine quantitative räumliche Relation dar. Alternativ kann die Entfernung durch qualitative Entfernungsrelationen beschrieben werden („nahe zu", „weit entfernt von"). Wie bereits in Abbildung 4.6 angedeutet, spielt gerade die Ent-

fernungsrelation eine entscheidende Rolle bei der Luftbildauswertung.

Moderne Bildauswertesysteme erlauben es, Auswerteberichte mit
einem integrierten annotiertem Luftbild zu erstellen, in dem die relevanten Objekte im Luftbild markiert und mit einer Referenz versehen
sind. Der Textteil des Auswerteberichts beschreibt diese Objekte genauer. Bildauswerter annotieren das Luftbild mit Hilfe eines Bilddar-
stellungssystems (siehe Beispiel in Abbildung 3.5 des Abschnitts 3.1.1).
Der Bildauswerter markiert dazu manuell die Umrisse der Objekte
durch Polygone. Zwischen den so definierten Regionen können räumlichen Relationen bestimmt werden. Bezogen auf die Definition der Szenenbeobachtung (Definition 16) ist das Polygon zur Beschreibung der
Umrisse eines Objekts Teil seiner Attributmenge A_Δ in der Szenenbeobachtung. Die daraus abgeleiteten räumlichen Relationen werden in
der Szenenbeobachtung als Kanten repräsentiert.

Damit aufgrund von räumlichen Relationen zuverlässigere Schlussfolgerungen abgeleitet werden können, muss das probabilistische Szenenmodell das Vorwissen über räumlichen Relationen in einer Domäne
abbilden. Bildauswerter beschreiben dieses Vorwissen in Form von
Aussagen wie „Ein Terminal-Gebäude befinden sich häufig in der Nähe
eines Parkplatzes". Diese Aussage über die räumliche Relation ist rein
qualitativ und zusätzlich mit einer Unsicherheit über die Existenz dieser Relation verbunden.

Die Wahrnehmung dieser qualitativ beschriebenen Relationen wie der
räumlichen Nähe ist Gegenstand von Untersuchungen im Zusammenhang von medizinischem Bildern [Abella, 1993]. Diese Untersuchungen
zeigen, dass die Wahrnehmung von räumlicher Nähe zwischen Regionen eines Bildes von mehreren Faktoren wie der Fläche, dem Mittel-
punkt und den Proportionen der Polygone abhängt. Abbildung 4.7 illustriert anschaulich, wie wir als Menschen die Entfernung zwischen
Objekten abhängig von den Ausmaßen der Objekte unterschiedlich
bewerten.

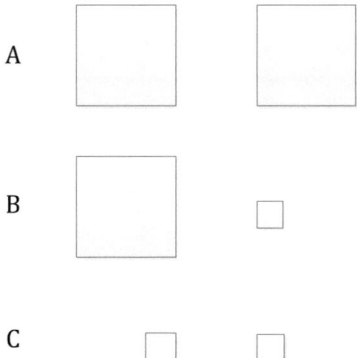

Abbildung 4.7

Beispiele für die Subjektivität räumlicher Distanzrelationen. Die Objektpaare in Zeile A, B und C haben eine identische absolute räumliche Distanz. Wir empfinden die räumliche Relation „in der Nähe von" jedoch für das Paar C als weniger zutreffend als für Paar A.

Verfahren zur automatischen Bildauswertung betrachten diese Faktoren, indem für jede Objektklasse besondere Schwellwerte für die Klassifikation der räumlichen Nähe anwenden (z.b. in [Matsuyama und Hwang, 1990]) oder diese implizit in einer maschinell gelernten Potenzialfunktion eines Markow-Felds abbilden (z.B. [Porway et al., 2008]).

Für die Anwendung von räumlichen Relationen in einem Szenenmodell, das weitestgehend selbständig durch Bildauswerter erstellt werden soll, muss eine Modellierung gefunden werden, die die folgenden Anforderungen erfüllt:

- Berücksichtigung der Unsicherheit, dass die räumlichen Relation existiert
- Berücksichtigung der menschlichen Wahrnehmung bei der qualitativen Beschreibung räumlicher Relationen mit möglichst wenigen zu bestimmenden Modellparametern

Abschnitt 4.3.1 gibt zunächst eine kurze Einführung in die bekannten Verfahren für die Bestimmung der Zuordnung zwischen Objekten der Szenenbeobachtung und den Funktionsklassen der semantischen Szenenbeschreibung (siehe Definition 17). Abschnitt 4.3.2 zeigt am Beispiel der Relation räumliche Nähe, wie diese Verfahren zur Berücksichtigung von räumlichen Relationen im probabilistischen Szenenmodell angewendet werden können und vergleicht die Leistungsfähigkeit anhand eines Datensatzes ausgewerteter Luftbilder.

4.3.1 Bestimmung der Zuordnung

Die Zuordnung zwischen Objekten der Szenenbeobachtung und Szenenentitäten der Szenenbeschreibung bildet die Voraussetzung, um die Likelihood-Funktion zu bestimmen und damit Schlussfolgerungen aus dem probabilistischen Szenenmodell abzuleiten (siehe Abschnitt 4.2). Bei der Zuordnung sollen nicht nur die Merkmale der Objekte berücksichtigt werden, sondern auch das Wissen über räumliche Relationen einfließen. Da die Szenenbeobachtung sowie die semantische Szenenbeschreibung als attributierter relationaler Graph repräsentiert sind, entspricht dies dem allgemeineren Problem der Zuordnung attributierter relationaler Graphen (Attributed Graph Matching). Attributed Graph Matching wird seit den 70er Jahren betrachtet und eine Vielzahl an Algorithmen wurden entwickelt, um verschiedene Varianten dieses Problems zu lösen [Conte et al., 2004]. In vielen Anwendungen der automatisierten Bildauswertung wird dazu Relaxation Labeling eingesetzt (siehe auch Abschnitt 2.2.3). Ein Labeling bezeichnet dabei die Zuordnung eines Labels zu einem Knoten eines Graphen. Angewandt auf Graph-Matching entsprechen diese Labels den Knoten eines Mustergraphen. Die harte Forderung nach vollständiger Übereinstimmung der Knoten- und Kantenattribute sowie der Struktur der beiden Graphen wird durch „Relaxation", der Überführung in ein kontinuierliches Optimierungsproblem, ersetzt.

Relaxation Labeling bietet für die Anwendung zur Unterstützung der Bildauswertung folgende Vorteile:

- Unsicherheit in der Struktur der Graphen (Existenz von Kanten) sowie in den Attributen der Knoten und Kanten kann berücksichtigt werden.

- Relaxation Labeling formuliert das NP-vollständige Problem Attributed Graph Matching als kontinuierliches Optimierungsproblem. Ein lokales Optimierungsverfahren liefert Näherungslösungen, die in kürzerer Zeit bestimmt werden können.

Relaxation Labeling Ansätze wurden auf Basis unterschiedlicher theoretischer Fundamente entwickelt und formuliert. Die Ansätze unterscheiden sich hauptsächlich in der Interpretation der eingeführten Größen für die Unsicherheit, sowie in der Form der Rekursionsgleichung zur Bestimmung der Näherungslösung. Die wichtigsten Ausprägungen von Relaxation Labeling sind:

- Relaxation Operations [Rosenfeld et al., 1976], als ursprüngliche, heuristische Formulierung des Relaxation Labeling.
- Probabilistic Relaxation Labeling [Christmas et al., 1995], mit wahrscheinlichkeitstheoretischer Herleitung der Rekursionsgleichung.

Angewandt auf das Zuordnungsproblem zwischen einer Szenenbeobachtung und einem Beschreibungsbaum, können beide Relaxation Labeling Verfahren durch folgenden Ablauf umgesetzt werden [Christmas et al., 1995]:

1. Extrahiere sämtliche atomare Funktionsklassenmodelle $\Phi = \{\varphi_0, \varphi_1, \dots, \varphi_M\}$ aus dem Beschreibungsbaum.
2. Extrahiere die Menge der beobachteten Objekte $\Lambda = \{\lambda_0, \lambda_1, \dots, \lambda_N\}$ aus der Szenenbeobachtung. Die Zuordnung eines Funktionsklassenmodells φ zu einem Objekt λ_i sei beschrieben durch die Variable $\theta_i = \varphi$. Die räumliche Relation zwischen zwei Objekten λ_i und λ_j sei durch das Symbol $\mathcal{A}_{ij}$ repräsentiert.
3. Bestimme den Startwert für die Zuordnungswahrscheinlichkeiten zunächst aufgrund der Objektmerkmale.

107

$$P^{(0)}\big(\theta_i = \varphi_{\theta_i}\big) = P\big(\theta_i = \varphi_{\theta_i} \big| A_\Delta\big)$$

4.18

4. Aktualisiere die Startverteilung mit

$$P^{(n+1)}\big(\theta_i = \varphi_{\theta_i}\big) = \frac{P^{(n)}(\theta_i = \varphi_{\theta_i})Q^{(n)}(\theta_i = \varphi_{\theta_i})}{\sum_{\phi_k \in \Phi} P^{(n)}(\theta_i = \varphi_k)Q^{(n)}(\theta_i = \varphi_k)}$$

4.19

5. Die Funktion $Q^{(n)}(\theta_i = \varphi_\alpha)$ drückt dabei die Unterstützung für die Zuordnung $\theta_i = \varphi_\alpha$ aus, die von den Relationen des Objekts λ_i zu allen anderen Objekten in der Szene ausgeht.
6. Wiederhole Schritt 4 bis das Abbruchkriterium erfüllt ist. In diesem Fall wurde als Abbruchkriterium das Erreichen einer Grenze für die Anzahl der Iterationen gewählt.

Die Verfahren Probabilistic Relaxation Labeling und Relaxation Operations unterscheiden sich lediglich in der Definition der Funktion $Q^{(n)}(\theta_i = \varphi_\alpha)$. [Christmas et al., 1995] leiten diese Funktion auf Basis einer Wahrscheinlichkeitsverteilung (Probabilistic Relaxation Labeling) her, die ausdrückt, wie wahrscheinlich eine Relation $\mathcal{A}_{ij}$ existiert, wenn zwei Objekte jeweils einer bestimmten Szenenentität zugeordnet sind:

$$Q^{(n)}(\theta_i = \varphi_\alpha) = \prod_{j \in N_i} \sum_{\varphi_\alpha \in \Phi} P^{(n)}(\theta_i = \varphi_\alpha)p(\mathcal{A}_{ij}|\theta_i = \varphi_\alpha, \theta_j = \varphi_\beta)$$

4.20

mit

$$N_i = \{1,2, \dots, i - 1, i - 1, N\}$$

4.21

[Rosenfeld et al., 1976] verwenden eine Heuristik, um die Funktion $Q^{(n)}(\theta_i = \varphi_\alpha)$ zu definieren (sogenannte Relaxation Operations). Die Funktion r wird dabei als ein Korrelationsmaß interpretiert, so dass

$r \in [-1,1]$ ist. Eine Relation unterstützt demnach ein bestimmtes Zuordnung ($r > 0$), kann dieser jedoch auch widersprechen ($r < 0$).

$$Q^{(n)}(\theta_i = \varphi_\alpha) = \sum_{j \in N_i} \sum_{\varphi_\alpha \in \Phi} P^{(n)}(\theta_i = \varphi_\alpha) r(\theta_i = \varphi_\alpha, \theta_j = \varphi_\beta)$$

4.22

Um diese beiden Ausprägungen des Relaxation Labelings auf die Bildauswertung anzuwenden, müssen die Parameter der Funktion $Q^{(n)}(\theta_i = \varphi_\alpha)$ entsprechend bestimmt werden.

4.3.2 Modellierung räumlicher Nähe

Wie in der Einleitung des Abschnitts 4.3 bereits angesprochen, ist die räumliche Relation „Nähe" zweier Objekte ein subjektives Kriterium und kann nur unzureichend durch ein reines Abstandsmaß zweier Objekte abgebildet werden. Eine im Rahmen der Arbeit durchgeführte Studie [Ahijado, 2010] untersucht daher Maße, die die subjektive Wahrnehmung der räumlichen Nähe durch einen Bildauswerter besser abbilden können. Dies betrifft zum einen die Definition des Abstands zwischen Regionen (z.B. Abstand der Schwerpunkte der Regionen im Gegensatz zur kürzesten Distanz der Regionen). Eine flächennormierte, kürzeste Distanz zwischen den Regionen hat sich dabei als besonders geeignet herausgestellt. Für zwei beobachtete Objekte wird dazu die kürzeste Distanz d bestimmt und diese Distanz durch die beiden Flächeninhalten A_1 und A_2 normiert:

$$d_{norm} = \frac{d}{\sqrt{A_1 + A_2}}$$

4.23

Dieses normierte Abstandsmaß hat für die Anwendung in der Luftbildauswertung besonders nützliche Eigenschaften: Es berücksichtigt die räumliche Ausdehnung der Objekte gleichberechtigt (symmetrisch in Bezug auf die beiden Objekte) und es ist skalierungsinvariant, d.h. unabhängig von der Auflösung bzw. dem Maßstab des Bilds.

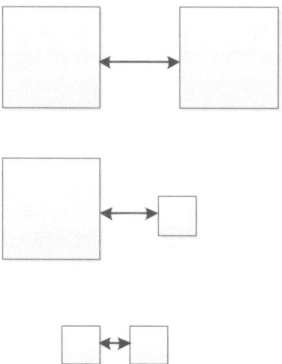

Abbildung 4.8

Beispiel für Paare von Rechtecken mit identischem flächennormierten Abstand. Die Relation der Paare wird von einem Bildauswerter als subjektive Nähe wahrgenommen [Ahijado, 2010]

Als Datengrundlage für die Auswahl der Distanzfunktion dienen ausgewertete Luftbilder von weltweit ausgewählten, von den Bildauswertern als repräsentativ eingestuften Anlagen (Referenzauswertungen). Diese Referenzauswertungen sind von erfahrenen Bildauswertern manuell erstellt. Der Datensatz beschreibt 33 Anlagen der Domäne Flugplätze. 16 Referenzauswertungen dienten als Grundlage für die Auswahl der Distanzfunktion sowie zur Modellierung der Funktion $Q^{(n)}$ der beiden Relaxation Labeling Verfahren. Diese Verfahren erfordern die Definition einer bedingten Wahrscheinlichkeit bzw. eines Korrelationsmaßes, abhängig von der Relation zwischen zwei Objekten. Objektpaare in den Referenzauswertungen, die von Bildauswertern in räumlicher Nähe erwartet werden (z.B. Parkplätze und Terminal-Gebäude), liefern dafür die Datengrundlage. Eine Analyse dieser Objektpaare zeigt, dass das Histogramm des normierten Abstandsmaßes d_{norm} für die Objektpaare, die in räumlicher Nähe erwartet werden, eine Rayleigh-Charakteristik aufweist (siehe Abbildung 4.9). Eine Erklärung für diese Charakteristik sind die Eigenschaften des Euklidischen Abstands im zweidimensionalen Raum. Angenommen der Ab-

stand zweier Punkte im zweidimensionalen Raum ist entlang der beiden Raumdimensionen jeweils normalverteilt und die beiden Verteilungen sind unabhängig. Dann ergibt sich, dass der Euklidische Abstand zwischen den beiden Objekten Rayleigh-verteilt ist. Da die Objekte in den hier betrachteten Anlagen nicht streng entlang einer
Vorzugsrichtung ausgerichtet sind, sondern entlang unterschiedlicher
Achsen im Raum verteilt angeordnet sind, treffen diese Annahmen
näherungsweise zu und rechtfertigen damit eine Modellierung durch
eine Rayleigh-Verteilung:

$$\text{Rayleigh}(x,\sigma) = \begin{cases} \dfrac{xe^{-\frac{x^2}{2\sigma^2}}}{\sigma^2} & x \geq 0 \\ 0 & x = 0 \end{cases}$$

4.24

Der Parameter σ der Rayleigh-Verteilung bestimmt die Verteilung eindeutig. Dieser Parameter lässt sich aus den Datensätzen für die beiden
Mengen von Objektpaaren durch die Maximum-Likelihood Schätzung
ermitteln:

$$\sigma \approx \sqrt{\frac{1}{2N}\sum_{i=0}^{N}x_i^2}$$

4.25

Dieser Parameter wird für die Menge der Objekte, die in räumlicher
Nähe erwartet werden C und denen die nicht in räumlicher Nähe erwartet werden $\bar{C}$ geschätzt.

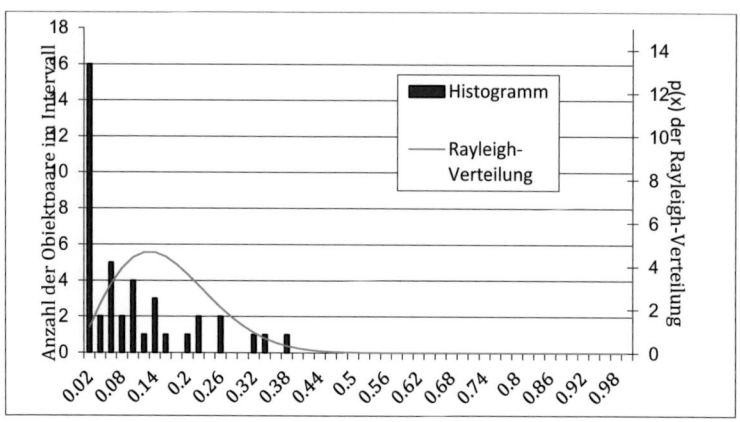

Abbildung 4.9

Histogramm des normierten Abstands für Objektpaare, die in räumlicher Nähe erwartet werden.

Die geschätzten Parameter zeigen deutlich, dass sich die Erwartungen zur räumlichen Nähe in der Verteilung des normierten Abstands widerspiegeln (siehe Tabelle 5).

Objektpaare	σ
Räumliche Nähe erwartet	$\sigma_C = 0{,}13$
Räumliche Nähe nicht erwartet	$\sigma_{\overline{C}} = 8{,}3$

Tabelle 5: Parameter der Rayleigh-Verteilung für den normierten Abstand von Objektpaaren. Grundlage für die Erhebung ist eine Menge von 16 Referenzauswertungen der Domänen Flugplätze und Hafenanlagen.

Die beiden Rayleigh-Verteilungen über der normierte Distanz d_{norm} zwischen zwei Objekten λ_i und λ_j sind Grundlage für die Definition der Funktion Q des Probabilistic Relaxation Labeling. Die Wahrscheinlichkeit, dass die im Szenenmodell erwartete Relation für die beiden Objekte λ_i und λ_j vorliegt und deren Zuordnung zu den Szenenentitäten φ_α und φ_β angenommen wird, kann aus diesen Rayleigh-Verteilungen bestimmt werden:

$$p(\mathcal{A}_{ij}|\theta_i = \varphi_\alpha, \theta_j = \varphi_\beta) = p(\mathcal{A}_{ij}|d_{ij})$$

$$= \frac{\text{Rayleigh}(d_{norm}, \sigma_A)}{\text{Rayleigh}(d_{norm}, \sigma_C) + \text{Rayleigh}(d_{norm}, \sigma_{\bar{C}})}$$

4.26

Dabei gilt folgende Fallunterscheidung für die im Szenenmodell erwartete Relation $\mathcal{A}_{ij} \in \{A_C, A_{\bar{C}}\}$ ($\mathcal{A}_C$: räumliche Nähe, $\mathcal{A}_{\bar{C}}$: keine räumliche Nähe):

$$\sigma_A = \begin{cases} \sigma_C, & \mathcal{A}_{ij} = \mathcal{A}_C \\ \sigma_{\bar{C}}, & \mathcal{A}_{ij} = \mathcal{A}_{\bar{C}} \end{cases}$$

4.27

Da kein Vorwissen über die räumliche Relation zwischen den beiden Objekten vorliegt, wird $p(\mathcal{A}_C) = p(\mathcal{A}_{\bar{C}})$ angenommen.

Durch Einsetzen von Gleichung 4.26 in 4.20 ergibt sich für die Funktion $Q^{(n)}$:

$$Q^{(n)}(\theta_i = \varphi_\alpha) = \prod_{j \in N_i} \sum_{\varphi_\alpha \in \Phi} P^{(n)}(\theta_i = \varphi_\alpha) \cdot$$

$$\frac{\text{Rayleigh}(d_{norm}, \sigma_A)}{\text{Rayleigh}(d_{norm}, \sigma_C) + \text{Rayleigh}(d_{norm}, \sigma_{\bar{C}})}$$

4.28

Neben der Wahrscheinlichkeitstheorie gibt es weitere Methoden um unsichere Informationen zu verarbeiten. Die Fuzzy-Set Theorie ist ein populärer Ansatz für die unscharfe Abbildung von kontinuierlichen Größen auf qualitative Ausdrücke wie „groß" und „klein". Relativ einfache Funktionen wie Dreiecksfunktionen oder Trapezfunktionen dienen dabei dazu, das Maß für die Zugehörigkeit zu einer Menge zu beschreiben (Zugehörigkeitsfunktion). Für das Verfahren Relaxation Operations bieten sich solche Funktionen für die Definition des Korrelations-koeffizienten r_{ij} der Unterstützungsfunktion Q an. Im Gegensatz zum Probabilistic Relaxation Labeling, bei dem eine Wahrscheinlichkeits-verteilung verwendet werden muss, kann dieser Korrelationskoeffi-zient Werte zwischen -1 und 1 annehmen. Positive Werte verstärken dabei die Klassifikationshypothese des Relaxation Labelings, negative Werte schwächen sie ab. Für die Abbildung von qualitativen räumli-chen Relationen, die von der normierten Distanz zweier Objekte ab-hängig sind, lassen sich entsprechende Zugehörigkeitsfunktionen defi-nieren.

Aus der Statistik der Objektpaare aus den Referenzauswertungen ergibt sich, dass 80% der Objektpaare, die laut dem Szenenmodell eine räumliche Nähe erwarten lassen, eine normierte Distanz kleiner 0,25 aufweisen. In 90% der Fälle liegt diese unterhalb des Schwellwerts 0,6. Diese Schwellwerte dienen zur Definition des Korrelationskoeffizien-ten als abschnittsweise lineare Funktion der normierten Distanz:

$$r\left(\theta_i = \varphi_\alpha, \theta_j = \varphi_\beta\right)$$
$$= \begin{cases} r_C(d), & \text{wenn } \varphi_\alpha \text{ und } \varphi_\beta \text{ in der Nähe erwartet werden} \\ 0, & \text{sonst} \end{cases}$$

4.29

mit der Funktion $r_C(d)$:

$$r_C(d) = \begin{cases} 1 & , & d < 0{,}25 \\ 1 - \dfrac{1}{0{,}35}(d - 0{,}25), & 0{,}25 \leq d < 0{,}6 \\ 0 & , & d \geq 0.6 \end{cases}$$

4.30

Abbildung 4.10 stellt die Definition des Korrelationskoeffizienten $r_C(d)$ graphisch dar.

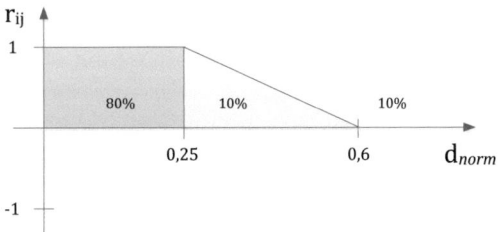

Abbildung 4.10

Definition des Korrelationskoeffizienten abhängig vom normierten Abstand d_{norm}.

Dieser Ansatz kann auch für andere qualitative räumliche Relationen verwendet werden, die sich aus der räumlichen Distanz zweier Objekte ableiten lassen. Die Arbeit von [Ahijado, 2010] zeigt, dass sich auf ähnliche Weise eine „Ferne" Relation definieren lässt. So kann explizit Vorwissen darüber abgebildet werden, dass Objekte nicht in unmittelbarer Nähe erwartet werden, z.B. dass Tanklager auf einem Flugplatz aus Sicherheitsgründen nicht in unmittelbarer Nähe eines Terminal-Gebäudes zu finden sind.

Ansätze zur Berücksichtigung von ternären räumlichen Relationen sind für die Luftbildauswertung erst kürzlich intensiver betrachtet worden [Vanegas, 2011]. Diese Relationen können auch für die in dieser Arbeit untersuchten Domänen relevant sein. Initiativ verwendeten die Bildauswerter jedoch keine ternären räumlichen Relationen zur Beschreibung des Vorwissens über eine Domäne.

4.4 Experimentelle Evaluierung

Probabilistische Szenenmodelle eignen sich für die Modellierung unterschiedlicher Domänen der Luftbildauswertung. Immer dann, wenn innerhalb einer Domäne Regelmäßigkeiten in der Auftrittswahrscheinlichkeit und der räumlichen Anordnung von Objekten vorkommen, lassen sich diese in einem probabilistischen Szenenmodell abbilden und für die Unterstützung der Luftbildauswertung nutzen. Um dies zu zeigen, wurden entsprechende probabilistische Szenenmodelle für die Domänen Flugplätze, Hafenanlagen und Industrieanlagen erstellt. Sie wurden in Zusammenarbeit mit erfahrenen Bildauswertern in zweitägigen Workshops je Domäne aufgebaut und umfassen jeweils mehr als 50 Funktionsklassen. Für die Domäne Flugplätze wurde die Klassifikationsgenauigkeit experimentell bestimmt. Als Ground-Truth für die Evaluierung dienen 33 annotierte Luftbilder (Referenzauswertungen), in denen die Umrisse der Objekte durch Polygone beschrieben sind und jedem Objekt die tatsächliche Funktionsklasse zugeordnet ist.

Die Evaluierung stellt verschiedene Ausprägungen des Szenenmodells gegenüber, um zu zeigen, wie sich die Berücksichtigung von Vorwissen über die Auftrittswahrscheinlichkeit und der räumlichen Relationen abhängig von weiteren Objekten in der Szene auf die Klassifikationsrate auswirkt. Die Anzahl der korrekten Objektklassifikationen dient dabei als Maß für die Leistungsfähigkeit der verschiedenen Ausprägungen:

A. Nutzung eines unären Merkmals (in diesem Fall Art des Objekts, z.B.: Gebäude, befestigte Fläche, Antenne) ohne Berücksichtigung von Vorwissen über die Auftrittswahrscheinlichkeit.

B. Nutzung der A-Priori Wahrscheinlichkeit der Funktionsklasse aus dem Szenenmodell und unäre Merkmale, ohne Berücksichtigung der Klassifikation von weiteren Objekten in der Szene (entspricht einem naiven Bayes Klassifikator, der jedes Objekt getrennt klassifiziert).

C. Verwendung der A-Posteriori Wahrscheinlichkeit des Szenenmodells, jedoch ohne Berücksichtigung von räumlichen Relationen.

D. Verwendung der A-Posteriori Wahrscheinlichkeit des Szenenmodells, unter Berücksichtigung von räumlichen Relationen durch Probabilistic Relaxation.

E. Verwendung der A-Posteriori Wahrscheinlichkeit des Szenenmodells, unter Berücksichtigung von räumlichen Relationen durch
Relaxation Operations.

Zur Evaluierung des Szenenmodells standen insgesamt 33 Referenzauswertungen für die Domäne Flugplätze zur Verfügung. Die Ergebnisse zeigen, dass die Klassifikation deutlich verbessert wird, wenn
Vorwissen über unterschiedliche Szenenausprägungen sowie über
räumliche Relationen mit einbezogen wird (Abbildung 4.11). Die beiden Verfahren zur Berücksichtigung von räumlichen Relationen lieferten sehr ähnliche Ergebnisse.

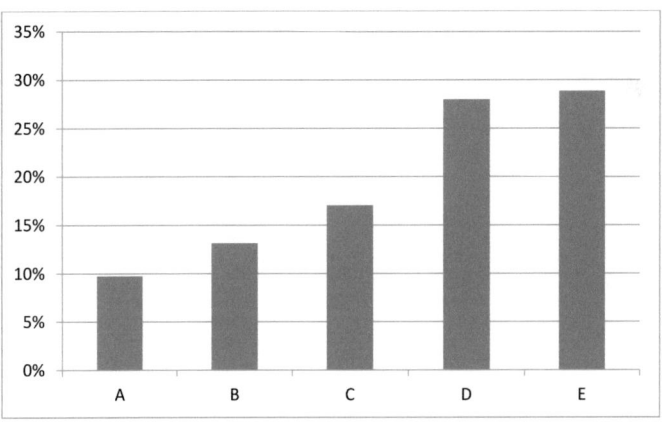

Abbildung 4.11

Häufigkeit der korrekten Objektklassifikation für die verschiedenen Ausprägungen
des Szenenmodells. Domäne: Flugplätze, Parameterschätzung für die Modellierung
räumliche Relationen: 16 Szenen, Evaluierung: 33 Szenen)

Das probabilistische Szenenmodell liefert deutlich bessere Ergebnisse
als eine einfache sequenzielle Klassifikation der einzelnen Objekte rein
aufgrund ihrer Merkmale.

Um die Klassifikationsrate weiter zu verbessern, könnten extrahierte
Merkmale aus der Bildsignatur (Dimension, Farbe, Helligkeit oder
komplexere Bildmerkmale wie z.B. Texturmerkmale, SIFT oder SURF

117

Merkmale, etc.) in die Klassifikation miteinbezogen wurden. Dazu müsste jedoch die von den Bildauswertern gestellte Forderung fallen gelassen werden, dass neue Domäne rein wissensbasiert modelliert werden können, ohne dass Trainingsdaten zur Verfügung stehen müssen.

5 Das Unterstützungssystem SiteAnalyst

Probabilistische Szenenmodelle (beschrieben in Kapitel 4) bieten neue Möglichkeiten, die existierenden Ansätze zur Unterstützung der Luftbildauswertung (siehe Kapitel 2.1) durch Funktionen zu ergänzen, die modellbasiert Hinweise zur Interpretation einer Szene geben können. Kapitel 3 ordnet bestehende und potentielle Unterstützungsfunktionen einzelnen Prozessschritten innerhalb der Vorgehensweise eines Bildauswerters bei der Luftbildauswertung zu. Ein Teil dieser Unterstützungsfunktionen sind als vereinzelte Systeme bereits am Markt verfügbar (z.B. als elektronisches Handbuch, Berichterstellungssystem, Bilddarstellungssystem). Dieses Kapitel stellt das Unterstützungssystem SiteAnalyst vor, das erstmals die verschiedenen Ansätze in einem einzigen System vereint. Dadurch entfällt ein großer Teil der Übertragungsschritte zwischen den Systemen, die bisher manuell durchgeführt werden müssen. Zusätzlich kann das System bessere Hinweise zum aktuellen Arbeitskontext des Bildauswerters anbieten.

5.1 Systembeschreibung

Abbildung 5.1zeigt die grafische Benutzeroberfläche von SiteAnalyst während der Auswertung einer Hafenanlage. Auf der linken Seite des Bildschirms sind Steuerelemente angeordnet, die das Nachschlagen von Begriffen im elektronischen Handbuch erlauben (1) und einen Steckbrief des aktuell selektierten Begriffs anzeigen, der eine Kurzbeschreibung (2), Grafiken sowie Bildbeispiele beinhaltet (3).

Die Bilddarstellung (4) erlaubt es dem Bildauswerter Objekte im Bild durch Polygone zu markieren. In der Liste der Objekttypen (5) wählt der Bildauswerter den entsprechenden Objekttyp für das markierte Objekt aus, und ordnet ihn entweder per Drag & Drop oder über die Steuerelemente zur Bearbeitung eines Objekts (6) zu. Diese Steuerelemente (6) zeigen zusätzlich den Bildausschnitt des Objekts und ermöglichen es dem Bildauswerter ein Kurzzeichen für das Objekt festzulegen, durch das es in einem automatisch generierten Auswertebericht referenziert wird.

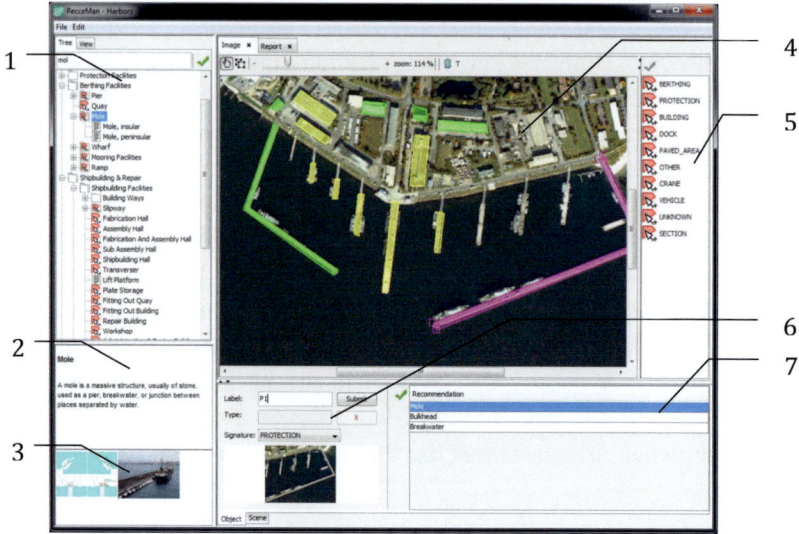

Abbildung 5.1

Grafische Benutzeroberfläche von SiteAnalyst

1) Verzeichnis der Begriffe im elektronischen Handbuch, 2) Kurzbeschreibung des selektierten Begriffs, 3) Vorschau der Bildbeispiele des selektierten Begriffs, 4) Bilddarstellung zur Objektannotation, 5) Liste der Objekttypen die den Objekten zugewiesen werden können, 6) Steuerelemente zur Bearbeitung der Eigenschaften des selektierten Objekts, 7) Vorschläge für die Klassifikation des Objekts (Zuordnung der Funktionsklasse)

5.1.1 Elektronische Handbuchfunktion

Die elektronische Handbuchfunktion von SiteAnalyst beinhaltet die für die jeweilige Domäne relevanten Begriffe, die mit textlichen Beschreibungen, Beispielbildern und Grafiken kontextabhängig definiert und erklärt werden. Die Begriffe einer Domäne werden dazu von SiteAnalyst in einer baumartig strukturierten Form dargestellt. Dies ermöglicht eine aufgabengerechte Navigation, da die Begriffe über verschiedene Äste des Baums erreichbar sind (siehe Abbildung 5.1, Element 1). Neben der Baumdarstellung wird eine grafische Navigation durch die Begriffe für verschiedene Funktionsklassen und Objekte anhand von Übersichtsgrafiken angeboten. Abbildung 5.2 zeigt SiteAnalyst in einem Modus, in der eine Übersichtsgrafik formatfüllend dargestellt wird. Die Übersichtsgrafiken sind im Vektorformat definiert und können ohne Verlust der Darstellungsqualität vergrößert und verkleinert werden. Die dargestellten Objekte in der Übersichtsgrafik sind verknüpft mit den jeweiligen Begriffen im Baum, so dass die Übersichtsgrafik ebenfalls zur Navigation innerhalb der Begriffe geeignet ist. Sämtliche Begriffe können ebenfalls über eine Freitextsuche erreicht werden. Bei Eingabe eines Suchbegriffs in das dafür vorgesehene Feld werden die Begriffe aufgelistet, die den Suchbegriff enthalten. In dieser Liste stehen dieselben Funktionen zur Verfügung wie für die Elemente in der Baumstruktur.

Es werden drei Typen von Begriffen unterschieden, die in der Baumdarstellung gleichberechtigt nebeneinander auftreten und für die folgenden Elemente des Szenenmodells stehen:

- Funktionsklassen der gesamten Anlage (auch: Verwendungszweck),

- Funktionsklassen, die einzelnen Objekten zugeordnet werden können,

- grundlegende Objekttypen (z.B. Gebäude, asphaltierte Fläche, Antenne).

121

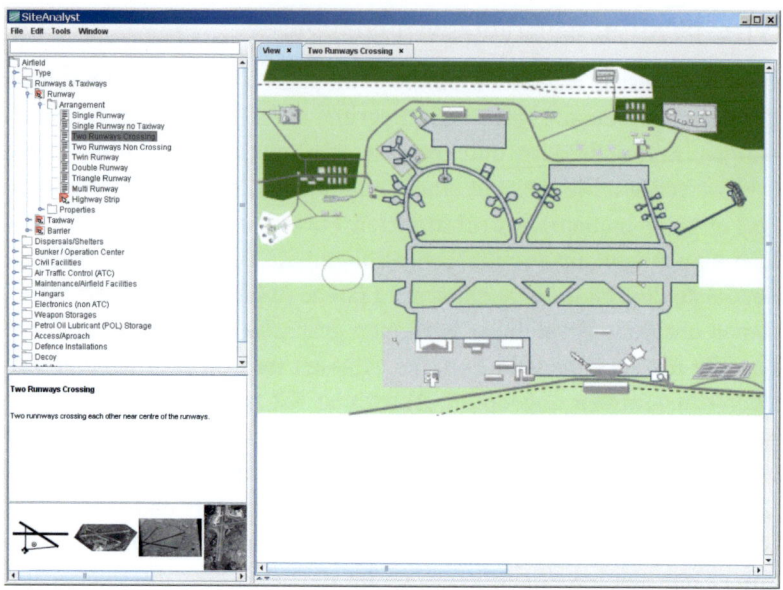

Abbildung 5.2

Interaktive Übersichtsgrafiken zur Navigation in der Begriffswelt der Domäne.

Zu jedem dieser Begriffstypen kann eine Detailansicht mit zusätzlichen Informationen aufgerufen werden. Sie präsentiert sämtliche zu diesem Begriff vorhandenen Beispielbilder und Grafiken in einer eigenen integrierten Bilddarstellung. Innerhalb der Bilddarstellung sind verschiedene Bildmanipulationen möglich, wie beispielsweise das Zoomen, Verschieben und Drehen des Bildes.

Abhängig vom Begriffstyp werden darüber hinaus unterschiedliche Zusatzinformationen angezeigt. Handelt es sich bei dem Begriff um eine Funktionsklasse für die gesamte Szene, so werden zusätzlich zur verbalen Beschreibung des Begriffs alle Funktionsklassen angezeigt, die für diese Funktionsweise charakteristisch sind (siehe Abbildung 5.3). Diese Informationen werden dabei aus dem probabilistischen

Szenenmodell extrahiert. Sie unterstützen den Teilprozess „Erwarten"
in der Vorgehensweise des Bildauswerters (siehe Abschnitt 3.2.2).

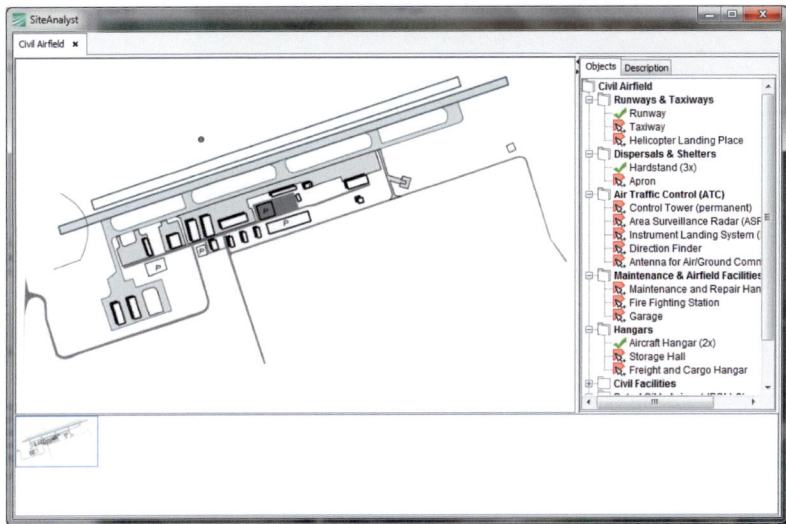

Abbildung 5.3

Detailansicht für den Begriff "Civil Airfield". Auf der rechten Seite des Dialogs werden die im Szenenmodell für diese Funktionsklasse erwarteten Objekte angezeigt.
Objekte, die bereits während der laufenden Auswertung im Bild erkannt wurden,
sind mit einem grünen Häkchen markiert.

Wird in der Detailansicht ein Begriff angezeigt, der für eine Funktionsklasse eines einzelnen Objekts steht, wird stattdessen eine Liste von
möglichen Funktionsklassen der gesamten Anlage (Verwendungszwe-
cke) angezeigt, in denen der dieser Funktionsklasse vorkommen kann
(siehe Abbildung 5.4). Beispielsweise kommt ein „Passenger Terminal
Building" nur auf einem zivil oder gemischt genutzten Flugplatz, aber
nicht auf einem militärischen Flugplatz vor. Durch diese zusätzliche
Information bekommt der Bildauswerter einen Hinweis auf die mögliche Funktion der Anlage (siehe Teilprozess „Verstehen" in Abschnitt
3.2.2).

Abbildung 5.4

Steckbriefansicht für eine Funktionsklasse eines einzelnen Objekts (atomares Funktionsklassemodell im Szenenmodell). Auf der rechten Seite werden diejenigen Funktionsklassen angezeigt, in der sie als Teilfunktion vorkommt.

5.1.2 Vorschlagsfunktionen

SiteAnalyst reagiert dynamisch auf die Interaktionen des Benutzers und leitet ihn durch den Auswerteprozess. In Abhängigkeit von der gerade durchgeführten Interaktion und den zuvor getätigten Auswerteschritten unterbreitet SiteAnalyst dem Nutzer Vorschläge, die seine Aufmerksamkeit auf den nächsten, weiterführenden Auswerteschritt lenken. Diese Funktionen basieren auf dem in Kapitel 4 eingeführten probabilistischen Szenenmodell und leisten Unterstützung bei den Teilprozessen Verstehen und Erwarten (siehe Abschnitt 3.2.2):

- Vorschlagsfunktion zur Objektklassifikation (Teilprozess Verstehen)
- Vorschlagsfunktion zu unentdeckten Objekten (Teilprozess Erwarten)

- Vorschlagsfunktion zur Klassifikation der gesamten Szene (Teilprozess Verstehen)

Beschreibt der Bildauswerter Schritt für Schritt die von ihm im Bild entdeckten Objekte, so wird er durch die Vorschlagsfunktion zur Objektklassifikation dabei unterstützt, die Funktionsklasse eines Objekts aufgrund seines Objekttyps und aufgrund der umliegenden Objekte zu bestimmen. Dazu präsentiert SiteAnalyst Klassifikationsvorschläge, sobald ein noch unklassifiziertes Objekt im Bild selektiert wird (siehe Abbildung 5.1, Steuerelement 7). Diese Vorschläge beruhen auf den in Abschnitt 4.2 eingeführten Indikatorfunktion I_O. SiteAnalyst präsentiert die Funktionsklassen in der Reihenfolge ihrer Wahrscheinlichkeit, wobei die Funktionsklasse mit der höchsten Wahrscheinlichkeit an erster Stelle steht. Die Wahrscheinlichkeitsverteilung ist dabei abhängig vom Objekttyp des Objekts und von den räumlichen Relationen zu anderen Objekten (siehe Beispiel in Abbildung 5.5). Selektiert der Bildauswerter eine dieser Funktionsklassen, zeigt SiteAnalyst in der elektronischen Handbuchfunktion die entsprechenden Erklärungen und Bildbeispiele an (siehe Abbildung 5.1, Elemente 2 und 3). Auf diese Weise kann der Bildauswerter die Vorschläge von SiteAnalyst prüfen und aufgrund sämtlichen ihm vorliegenden Informationen eine Entscheidung über die Funktionsklasse des Objekts treffen.

Ist in SiteAnalyst kein bestimmtes Objekt selektiert, präsentiert das System automatisch eine nach der Wahrscheinlichkeit sortierte Liste von Funktionsklassen, die aufgrund der Indikatorfunktion I_U des Szenenmodells noch zusätzlich in der Szene vorhanden sein könnten.

Ist bereits der größte Teil der Objekte klassifiziert, kann der Bildauswerter möglicherweise bereits eine Aussage über die Funktion der gesamten Anlage treffen. Dabei unterstützt ihn eine weitere Vorschlagsfunktion, die nach der Aktivierung im Menü angezeigt wird. Sie gibt eine Liste der möglichen Funktionen der gesamten Szene wieder. Die Einträge in dieser Liste sind ebenfalls nach ihrer Wahrscheinlichkeit sortiert, die aufgrund der Indikatorfunktion I_F berechnet wird.

Abbildung 5.5

Beispiel für die Vorschlagsfunktion zur Objektklassifikation. Die Vorschläge für die Objektklassifikation sind abhängig vom Objekttyp und von den räumlichen Relationen des Objekts. SiteAnalyst schlägt für das Gebäude in der Mitte des Bildes die Klassifikation „Passenger Terminal Building" vor. Dies hängt mit der räumlichen Nähe zum anliegenden Parkplatz und der entsprechenden Modellierung im Szenenmodell zusammen. Für das Gebäude auf der linken Seite werden entsprechend andere Funktionsklassen vorgeschlagen.

Da jede neu gewonnen Information über die in der Szene vorhandenen Objekte eine Änderung der A-Posteriori-Verteilung des Szenenmodells zur Folge haben kann, werden nach jedem Auswerteschritt sämtliche Wahrscheinlichkeiten neu bestimmt und die Steuerelemente der Vorschlagsfunktionen aktualisiert, um sich dem aktuellen Stand der Auswertung anzupassen. Durch die Approximation der Wahrscheinlichkeit mit Hilfe des MCMC-Verfahrens können diese augenblicklich (kleiner 200ms) aktualisiert werden, so dass der Bildauswerter nicht in seiner Arbeit unterbrochen werden muss.

5.1.3 Automatische Objekterkennung

Neben interaktiven Ansätzen bietet SiteAnalyst die Möglichkeit, automatische Objekterkennungsverfahren zu integrieren. Diese können über einen Menüpunkt von SiteAnalyst ausgelöst werden. Im Rahmen der Arbeit wurde ein Verfahren zur Erkennung von Start-/Landebahnen integriert, das in einer früheren Arbeit am Institut implementiert worden ist [Bauer, 2006]. Exemplarisch kann so gezeigt werden, wie automatische Verfahren in die interaktive Bildauswertung integriert werden können. Das angebundene automatische Verfahren erhält die Rohbilddaten von SiteAnalyst und extrahiert daraus Objektbeschreibungen, die die Geometrie und den erkannten Objekttypen beinhalten. Das Verfahren zur Objekterkennung liefert diese Objektbeschreibungen an SiteAnalyst zurück. SiteAnalyst integriert sie in die aktuell im System abgebildete semantische Szenenbeschreibung. Die Objekte erscheinen in der Bilddarstellung und können vom Benutzer weiter bearbeitet werden. So können Fehldetektionen durch den Bildauswerter entfernt oder die extrahierte Geometrie interaktiv verbessert werden.

5.1.4 Berichterstellung

Jegliche Informationen, die SiteAnalyst aufgrund der Eingaben des Benutzers oder durch die Anbindung automatischer Verfahren über die Szene sammelt, sind in einer internen semantischen Szenenbeschreibung repräsentiert. Diese semantische Szenenbeschreibung wird verwendet, um automatisch einen Auswertebericht zu generieren. Der Bericht listet sämtliche während eines Auswerteprozesses beschrieben Objekte auf. Zu jedem aufgelisteten Objekt sind sowohl die Funktionsklasse, zum Beispiel „Aircraft Hangar", als auch der Objekttyp, zum Beispiel „Building", in der Reportliste eingetragen. Zusätzlich besteht in SiteAnalyst die Möglichkeit, jedem Objekt ein Kürzel zuzuweisen. Dieses Kürzel erscheint im automatisch generierten Bericht und wird an entsprechender Stelle in der Luftbildaufnahme eingeblendet. Abbildung 5.6 zeigt ein Beispiel für einen automatisch generierten Auswertebericht in der Domäne Flugplätze.

Abbildung 5.6

Automatisch generierter Auswertebericht aufgrund der durch SiteAnalyst erstellten Objektbeschreibungen.

5.2 Evaluierung

Zur Evaluierung von SiteAnalyst und den darin implementierten Vorschlagsfunktionen sind im Rahmen der Arbeit verschiedene Experimente durchgeführt wurden. Eine Vorstudie gibt erste Hinweise zum Potential der Vorschlagsfunktionen unter kontrollierten Umgebungsbedingungen. In einem Experiment während eines Workshops mit Bildauswertern wurde die Leistungssteigerung durch die Vorschlagsfunktion für verschiedene Domänen ermittelt. Dabei wurde die Anzahl der korrekt klassifizierten Objekte bei Nutzung unterschiedlicher Varianten von SiteAnalyst jeweils mit oder ohne Vorschlagsfunktion bestimmt und Aussagen über die Zufriedenheit der Bildauswerter mit dem System erfasst.

5.2.1 Vorstudie mit synthetischen Daten

Um eine erste Einschätzung zur Leistungssteigerung durch die Vorschlagsfunktion zu bekommen, wurde ein Vorversuch mit 10 Versuchspersonen zur Auswertung einer stark vereinfachten Industriedomäne durchgeführt. Abbildung 5.7 zeigt ein Beispiel für ein auszuwertendes Bild dieser Domäne. Durch die Verwendung von Zeichnungen an Stelle von realen Luftbildern als Grundlage für die Bildauswerteaufgaben, kann der Einfluss der Fähigkeit „Bildsignaturen erkennen" auf die Leistung ausgeblendet werden. Dadurch konnte der Versuch mit Versuchspersonen durchgeführt werden, die keine Erfahrung in der Interpretation von Luftbildern besitzen.

Abbildung 5.7

Beispiel für eine vereinfachte Bildauswerteaufgabe in der Domäne Industrie.

Ziel des Versuchs ist der Leistungsvergleich zwischen einer Auswertung, bei der lediglich ein elektronisches Handbuch zur Verfügung steht, und einer Auswertung, bei der zusätzlich die auf dem Szenenmodell beruhende Vorschlagsfunktion zur Verfügung steht. Abbildung 5.8 zeigt den durch die Versuchspersonen im Schnitt erreichten Leistungswert, jeweils mit und ohne Vorschlagsfunktion. Es wurden die beiden Teilaufgaben „Bestimmung der Funktion der Anlage" und „Bestimmung der Funktion eines einzelnen Objekts" unterschieden. Als Leistungsmaß dient die Anzahl der korrekten Entscheidungen pro Zeiteinheit.

Gelöste Aufgaben/h

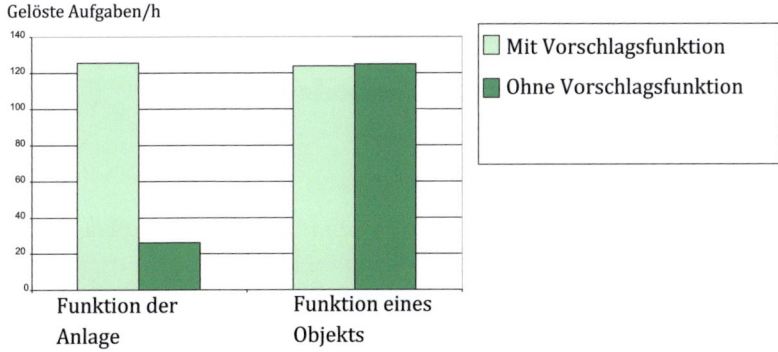

Abbildung 5.8

Leistungsmessung (Gelöste Aufgaben/Stunde) in den beiden Teilaufgaben "Bestimmung der Funktion der Anlage" und "Bestimmung der Funktion eines Objekts".

Für die Bestimmung der Funktion eines einzelnen Objekts konnte kein Unterschied zwischen den beiden untersuchten Unterstützungsmöglichkeiten festgestellt werden. Da nur wenige Funktionsklassen zu unterscheiden waren, konnten die Versuchspersonen auch durch eine einfache Suche in der Handbuchfunktion schnell eine Entscheidung treffen. Bei der Identifikation der Funktion der gesamten Anlage zeigten die Versuchsergebnisse jedoch, dass die Nutzung der Vorschlagsfunktion zu einer Verringerung der Auswertezeit und der Fehlerwahrscheinlichkeit führt. Der Versuchsaufbau und die Ergebnisse des Versuchs sind in der Veröffentlichung [Bauer und Herschelmann, 2010] dokumentiert.

5.2.2 Evaluierung mit realistischen Luftbildern

Um SiteAnalyst auf seine Gebrauchstauglichkeit in der Bildauswertung von komplexen Infrastrukturen zu überprüfen und die Akzeptanz potentieller Nutzer zu ermitteln, wurde ein Workshop durchgeführt, in dem das System durch folgende Maßnahmen evaluiert wurde:

- Erhebung objektiver Leistungsdaten im Leistungsvergleich der Systemvarianten jeweils mit/ohne der Vorschlagsfunktion

- Erhebung der subjektiven Einschätzung zur Gebrauchstauglichkeit von SiteAnalyst

5.2.2.1 Zusammensetzung der Teilnehmer

Die Teilnehmer des Versuchs hatten mindestens zwei Jahre im Bereich Bildauswertung gearbeitet. Als Hilfsmittel kommen heute nach Aussagen der Teilnehmer hauptsächlich selbst erstellte Bildersammlungen, historische Auswertehandbücher und Lehrblätter zum Einsatz. Von einem Unterstützungssystem für die Auswertung von komplexen Szenen erwarteten die Teilnehmer, dass dieses sowohl bei der Ausbildung und Weiterbildung als auch bei der täglichen Arbeit und im Einsatz verwendet werden kann. Die meisten Teilnehmer hatten bereits mit der Software RecceMan (siehe Abschnitt 2.1.3) gearbeitet.

5.2.2.2 Versuchsablauf

Sowohl am Anfang als auch am Ende des Workshops wurden an die Teilnehmer Fragebögen zu SiteAnalyst verteilt. In den zu Beginn des Workshops verteilten Fragebögen wurde das Benutzerprofil der Teilnehmer ermittelt, indem die hauptberufliche Tätigkeit der Teilnehmer und ihre Erfahrungen in der Bildauswertung, speziell in der Luftbildauswertung von komplexen Anlagen, sowie mit Unterstützungssystemen abgefragt wurden. Außerdem sollten die Teilnehmer ihre Erwartungen und Wünsche an ein Unterstützungssystem äußern. Mit den am Ende des Workshops verteilten Fragebögen wurde überprüft, inwieweit die zuvor geäußerten Erwartungen und Wünsche durch SiteAnalyst erfüllt wurden. Zusätzlich wurden Fragen zum Umgang mit dem System gestellt, beispielsweise zur Bedienbarkeit, Erlernbarkeit und Funktionsweise des Systems.

Der Einführung in das Experimentalsystem SiteAnalyst war ein gesamter Nachmittag gewidmet. Die Systementwicklung wurde anhand von Folienpräsentationen motiviert und das System anhand einer Live-Demonstration eingeführt und erklärt. Den Teilnehmern wurde anschließend die Möglichkeit gegeben, die gerade vorgestellte Funktionalität am System selbst auszuprobieren. Dazu waren vier Arbeitsplätze vorbereitet worden, an denen die Teilnehmer paarweise arbeiten und die späteren Versuche durchführen konnten. Vom Fraunhofer IOSB wurden dazu Versuchsleiter zur Betreuung jedes Arbeitsplatzes bereitgestellt.

Der zweite Teil des Workshops dauerte einen Tag und bestand für die Teilnehmer darin, Aufgaben mit SiteAnalyst zu lösen. Um repräsentative Ergebnisse zu bekommen, waren die Aufgaben so formuliert, dass es sich um typische Auswerteaufgaben handelte, die von einem Bildauswerter in ähnlicher Form mit einem Unterstützungssystem dieser Art ausgeführt werden würden.

Die Aufgabenstellung war für alle Aufgaben gleich. Es handelte sich immer um die Erstauswertung der im Luftbild abgebildeten Anlage. Dabei sollten in einem vorgegebenen Zeitraum so viele Objekte wie möglich korrekt entdeckt und erkannt werden. Zum Entdecken eines Objekts sollte dieses zunächst markiert werden. Für die Erkennung eines Objekts musste das zuvor markierte Objekt einer Funktion zugeordnet werden. Der vorgegebene Zeitrahmen lag bei 20 Minuten pro Auswertung. Konnte die Auswertung schneller durchgeführt werden, war die benötigte Zeit zu notieren.

Insgesamt waren vier Erstauswertungen durchzuführen. Jede Auswerteaufgabe war in einer anderen Domäne auszuführen. Es standen die folgenden Domänen zur Verfügung:

- Flugplätze

- Hafenanlagen

- Metallverarbeitende Industrieanlagen

- Petrochemische Industrieanlagen

Für jede Domäne waren zwei Luftbilder mit jeweils unterschiedlichen Varianten von SiteAnalyst auszuwerten. Die Auswertung wurde jeweils mit zwei unterschiedlichen Modi durchgeführt: Der eine Modus erlaubte zur Auswertung lediglich die Nutzung der elektronischen Handbuchfunktion von SiteAnalyst, während der andere Modus zusätzlich die vollständigen Vorschlagsfunktionen bereitstellte.

5.2.2.3 Objektive Leistungsmessung

Zur objektiven Messung der Leistung wurden im Vorfeld des Versuchs Referenzauswertungen von 6 Luftbildern der Domänen Flugplätze, Hafenanlagen und Industrieanlagen angefertigt. Durch Vergleich der Auswertungsergebnisse der Versuchspersonen mit den Referenzauswertungen konnte die Anzahl der korrekt klassifizierten Objekte bestimmt werden. Diese dient als Leistungsmaß für den Vergleich der Leistung von Versuchsgruppen, die im Wechsel mit oder ohne Vorschlagsfunktion die Aufgaben bearbeitet haben.

Am Versuch haben 6 aktive Bildauswerter teilgenommen. Abbildung 5.9 zeigt die Häufigkeit der korrekten Klassifikation der Objekte im Bild, aufgezeichnet als Minimalwert, Maximalwert und Mittelwert über die Menge der Ergebnisse aller Versuchspersonen. Ähnlich wie bereits im Vorversuch mit künstlichen Szenen (siehe Abschnitt 5.2.1), kann keine signifikante Leistungssteigerung im Versuch nicht nachgewiesen werden (die Leistungssteigerung betrug im Mittel lediglich 3,5%), obwohl deutlich mehr Funktionsklassen zu unterscheiden waren. Jedoch ist die Schwankungsbreite der korrekten Klassifikation bei der Auswertung mit Hilfe der Vorschlagsfunktion auffällig hoch. Bei einem Teil der Aufgaben wurde also eine deutlich höhere oder deutlich niedrigere Klassifikationsrate erreicht. In den Daten konnten diese Extremwerte jedoch nicht wiederholt einer bestimmten Person oder einer bestimmten Domäne zugeordnet werden.

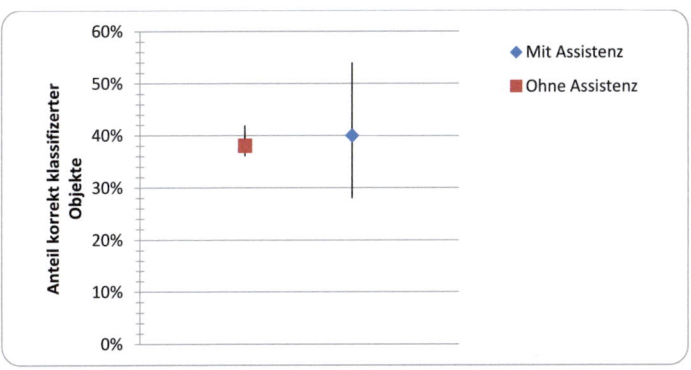

Abbildung 5.9

Minimale, maximale und mittlere Häufigkeit korrekter Klassifikation.

5.2.2.4 Subjektive Einschätzung der Teilnehmer

Die Teilnehmer bewerteten das System als einfach bedienbar (4,75/5 Punkte), leicht erlernbar (4,5/5 Punkte) und die Funktionsweise wurde als leicht verständlich (4,5/5 Punkte) bewertet. Die Vorschlagsfunktion wurde als hilfreich bewertet (3,75/5 Punkte). Abbildung 5.10 zeigt die Ergebnisse im Überblick.

Laut Aussagen einzelner Teilnehmer, hilft die Vorschlagsfunktion besonders Bildauswertern in der Ausbildung und noch unerfahrenen Bildauswertern, alternative Interpretationsmöglichkeiten zu betrachten und eine gründliche Validierung der eigenen Interpretation durchzuführen. Das elektronische Handbuch hilft laut den Aussagen der Bildauswerter besonders den Erfahrenen dabei, vereinzelte, bereits bekannte Details wieder ins Gedächtnis zu rufen.

Sämtliche Teilnehmer sprachen sich dafür aus, dass die Vorschlagsfunktion, zusammen mit einer integrierten Bilddarstellung und einem elektronischen Handbuch, Teil eines zukünftigen operationellen Unterstützungssystems sein sollte.

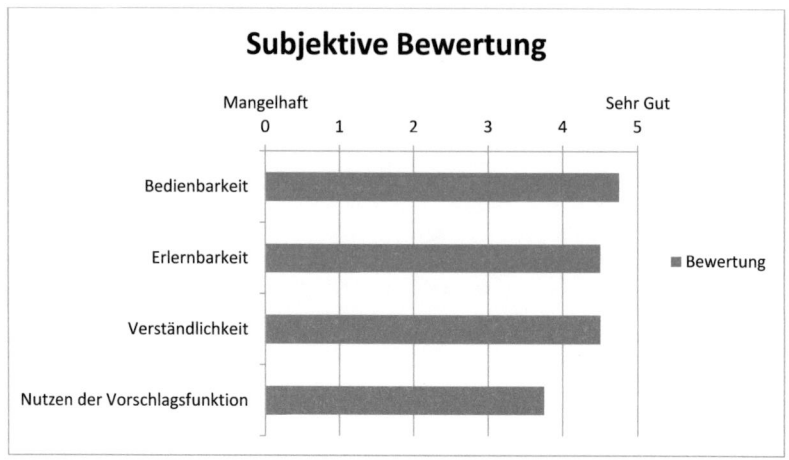

Abbildung 5.10

Subjektive Bewertung von SiteAnalyst.

5.2.3 Zusammenfassung und Diskussion

Das System SiteAnalyst integriert erstmals die verschiedenen Unterstützungsfunktionen elektronisches Handbuch, automatische Bildauswertung und auf einem probabilistischen Szenenmodell basierende Vorschlagsfunktionen. Durch eine integrierte Bilddarstellung kann der Bildauswerter entdeckte und klassifizierte Objekte im Bild markieren und den Funktionsklassen des Szenenmodells zuordnen. Die Vorschlagsfunktionen nutzen somit sämtliche vom Bildauswerter extrahierten Informationen und zusätzlich kann am Ende der Bildauswertung automatisch ein Auswertebericht generiert werden. Automatische Verfahren können, soweit sie für die Objekte der Domäne verfügbar sind, ebenfalls integriert werden. Die Anwendung von SiteAnalyst ist nicht auf eine einzelne Domäne beschränkt, sondern die Datenbank und das probabilistische Szenenmodell kann durch eine entsprechende Modellierung für beliebige Domänen ausgeprägt werden

Damit vereint SiteAnalyst sämtliche in Kapitel 3 aufgezählten Unterstützungsansätze und kann so den Bildauswerter bei der Auswertung von komplexen Szenen bestmöglich unterstützen. Dies bestätigen die Aussagen der Bildauswerter, die das System in einer experimentellen Evaluierung verwendeten.

Für die Vorschlagsfunktionen, die als neuartige Unterstützungsfunktionen in das System aufgenommen wurden, konnte in einer experimentellen Evaluierung keine objektiv messbare Leistungssteigerung festgestellt werden. Bei der Klassifikation von einzelnen Objekten, dem häufigsten Vorgang der Bildauswertung, blieb die Anzahl der klassifizierten Objekte jeweils mit oder ohne Hilfe einer Vorschlagsfunktion im Durchschnitt konstant. Ähnliche Ergebnisse lieferten bereits Vorversuche mit Laien der Bildauswertung und synthetischem Bildmaterial, bei denen lediglich bei der Klassifikation der Gesamtszene eine deutliche Steigerung messbar war. Subjektiv bewerteten die Teilnehmer des Versuchs die Vorschlagsfunktionen jedoch als hilfreich und wünschen sich die Integration in ein operationelles Unterstützungssystem.

Da die Vorschlagsfunktion nur in 28% der Fälle die korrekte Funktionsklasse vorschlägt, besteht noch großes Potential darin, den Einfluss der Vorschlagsfunktion auf die Leistung des Bildauswerters zu steigern. Hier könnte beispielsweise die Verwendung von Bildmerkmalen, oder das Nachtrainieren der Modelle mit den im Laufe des Betriebs durchgeführten Auswertungen Verbesserungen herbeiführen. Ein weiterer Ansatzpunkt liegt in der Präsentation der Vorschläge durch SiteAnalyst. Bisher wurden die Vorschläge nach ihrer Wahrscheinlichkeit geordnet in einer Liste angezeigt. Potential liegt hier darin, die mit den Vorschlägen verbundene Unsicherheit in geeigneter Weise zu visualisieren, so dass der Bildauswerter eine bessere Einschätzung davon bekommt, wie stark dieser Vorschlag durch bereits aus dem Bild extrahierten Informationen untermauert ist.

6 Zusammenfassung und Ausblick

Luft- und Satellitenbilder sind ein wichtiger Baustein zur Informationsgewinnung in der zivilen Fernerkundung und der abbildenden Aufklärung. Die Auswertung dieser Bilder wird dabei durch speziell ausgebildete Bildauswerter in Handarbeit ausgeführt. Besonders bei der Bildauswertung von Aufnahmen komplexer Szenen wie z.b. Flugplätzen, Hafenanlagen und Industrieanlagen im Umfeld der strategischen Aufklärung sind dazu langjährige Ausbildung und Erfahrung notwendig.

Unter dem Druck zur Rationalisierung der Ausbildung und der Personalkapazitäten, sowie der gestiegenen Komplexität der zu beschreibenden Anlagen in einer globalisierten Welt wird der Bedarf nach technischen Hilfsmitteln für die Bildauswertung immer größer. Zwar gibt es Ansätze in der Forschung zur Automatisierung der Bildauswertung, sie bleiben jedoch weit hinter den Leistungen des menschlichen Bildauswerters zurück und scheitern bereits bei der robusten Erkennung von Gebäuden und Straßen. Während eine Automatisierung der Bildauswertung daher in absehbarer Zeit nicht umsetzbar ist, stellt sich die Frage, wie die ständig steigende Speicherkapazität und Rechenleistung moderner Computersysteme durch die geeignete Kombination der Fähigkeiten von Mensch und Computer für die Bildauswertung nutzbar gemacht werden kann.

Mit der zunehmenden Digitalisierung der Bildakquisition, -speicherung und -darstellung in modernen Aufklärungssystemen sind PC-basierte Softwaresysteme auch in dieser Domäne das hauptsächliche Arbeitsmittel geworden. Zusätzlich zur reinen Bilddarstellung können diese Systeme auch Funktionen zur domänenspezifischen Unterstützung der Bildauswertung anbieten. Im operationellen Betrieb befinden sich z.B. elektronische Handbuchsysteme für die Objekterkennung von Flugzeugen, Schiffen und Landfahrzeugen. Sie enthalten die wichtigsten Objekttypen und erläutern diese mit Beschreibungen und Bildbeispielen (Referenzmaterial). Ähnliche Unterstützung bieten Systeme zur interaktiven Berichterstellung. Sie unterstützen dabei, standardisiertes Vokabular und Berichtsformat einzuhalten und bieten dazu eine komfortable Navigation durch die Begriffswelt einer Domäne. Systeme zur interaktiven Klassifikation gehen einen Schritt weiter in Richtung Kooperation zwischen Mensch und Maschine: Anhand der vom Benutzer im Bild erkannten Merkmale eines Objekts bieten sie plausible Objektklassen an und weisen auf weiterführende trennungsrelevante Merkmale hin.

Sämtliche interaktiven Unterstützungsansätze beschränken sich dabei jedoch auf die Erkennung eines isolierten Objekts, ohne die umliegenden Objekte oder gar den gesamten Kontext der Szene mit einzubeziehen. Das Forschungsfeld der automatischen Bildverarbeitung hat hingegen eine ganze Reihe von Methoden entwickelt, um Vorwissen über Objektkonstellationen in die Beschreibung einer Szene mit einzubeziehen. Ziel dieser Arbeit war es daher, bestehende interaktive Unterstützungsansätze für die Bildauswertung von komplexen Szenen zusammenzuführen und sie durch neuartige Unterstützungsfunktionen zu ergänzen, die auf den Methoden aus der automatischen Bildverarbeitung aufbauen.

6.1   Beitrag der Arbeit

Diese Arbeit widmet sich der Unterstützung der interaktiven Luftbildauswertung von komplexen Szenen, für die bisher kaum aufgabenspezifische Unterstützungsansätze existieren. Insbesondere die Kombination und Verzahnung der interaktiven Bildauswertung durch einen menschlichen Bildauswerter mit Ansätzen aus der automatisierten Bildauswertung wurde bisher nur unzureichend untersucht.

Dazu analysiert die Arbeit die Vorgehensweise bei der Auswertung von Luftbildern komplexer Szenen, untersucht bekannte Unterstützungsmöglichkeiten für diese Aufgabe und erweitert dieses Spektrum um Vorschlagsfunktionen. Die Analyse erfasst dabei die grundlegenden

Teilaufgaben, ordnet bestehende Unterstützungsansätze diesen Teilaufgaben zu und identifiziert Ansatzpunkte für die Anwendung von Inferenzmethoden aus dem höherliegenden Bildverstehen. Diese Ansatzpunkte sind Grundlage für die Entwicklung eines probabilistischen Szenenmodells und die Anwendung Bayes'scher Inferenzmethoden, um Vorschläge für die folgenden Teilaufgaben ableiten zu können:

• Bestimmung der Funktion eines einzelnen Objekts

• Klassifikation der gesamten Szene anhand der vorgefundenen Objektkonstellation

• Hinweise auf möglicherweise unentdeckte Objekte

Das probabilistische Szenenmodell berücksichtigt dazu Objektmerkmale, den lokalen räumlichen Kontext und die Auftrittshäufigkeit von Objekten. Es ist unabhängig von einer bestimmten Domäne formuliert und kann für beliebige Domänen ausgeprägt werden. Es benötigt keine Trainingsdaten und kann mit niedrigem Aufwand von Bildauswertern selbst erstellt werden. In der Domäne Flugplätze konnte mit Hilfe des Szenenmodells und den entwickelten Inferenzmethoden für 28% der Objekte die korrekte Funktionsklasse (z.B. Lagerhalle, Abfertigungshalle, Reparaturhalle) bestimmt werden. Die Einbeziehung des Kontexts resultierte dabei in einer deutlichen Steigerung gegenüber einer rein merkmalsbasierten Klassifikation mit einer korrekten Klassifikationsrate von 12%.

Um die Leistungssteigerung bei der interaktiven Bildauswertung durch die Vorschlagsfunktionen zu ermitteln, wurden eine Bilddarstellung, ein elektronisches Handbuch sowie die entwickelten Vorschlagsfunktionen in dem Unterstützungssystem SiteAnalyst vereint. Das System wurde in einer Nutzerstudie mit Bildauswertern evaluiert. Eine objektive Leistungssteigerung durch die Vorschlagsfunktion konnte nicht nachgewiesen werden. Die Bildauswerter schätzen die Vorschlagsfunktion jedoch subjektiv als sehr hilfreich ein und empfehlen die Integration in zukünftige Bildauswertesysteme. Laut Aussagen einzelner Teilnehmer, hilft die Vorschlagsfunktion besonders Bildauswertern in der

Ausbildung und noch unerfahrenen Bildauswertern, alternative Interpretationsmöglichkeiten zu betrachten und eine gründliche Validierung der eigenen Interpretation durchzuführen.

Letztendlich zeigt die Arbeit zeigt auf, wie die stärkere Verzahnung der interaktiven und automatisierten Bildauswertung Potential zur Verbesserung der Bildauswerteergebnisse führen kann. Mit einem probabilistischen Szenenmodell zur Modellierung beliebiger Domänen stellt die Arbeit die konzeptionelle Grundlage dafür her und zeigt durch eine prototypische Implementierung und experimentelle Evaluierungen, wie sich die entwickelten Konzepte auf die Bildauswertung auswirkt.

6.2 Ausblick

Da die Vorschlagsfunktion in der gegenwärtigen Ausprägung nur in ca. 30% der Fälle die korrekte Funktionsklasse vorschlägt, besteht noch großes Potential darin, den Einfluss der Vorschlagsfunktion auf die Leistung des Bildauswerters durch Verbesserung der Vorschläge zu steigern. Hier könnte beispielsweise die Verwendung von Bildmerkmalen, oder das Nachtrainieren der Modelle mit den im Laufe des Betriebs durchgeführten Auswertungen Verbesserungen herbeiführen. Ein weiterer Ansatzpunkt liegt in der Präsentation der Vorschläge durch SiteAnalyst. Bisher wurden die Vorschläge nach ihrer Wahrscheinlichkeit geordnet in einer Liste angezeigt. Potential liegt hier darin, die mit den Vorschlägen verbundene Unsicherheit in geeigneter Weise zu visualisieren, so dass der Bildauswerter eine bessere Einschätzung davon bekommt, wie stark dieser Vorschlag durch bereits aus dem Bild extrahierten Informationen untermauert ist.

Literaturverzeichnis

[Abella, 1993] Abella, A., Kender, J. R., Qualitatively describing objects using partial prepositions, AAAI'93 Proceedings of the eleventh national conference on Artificial intelligence, AAAI Press, (1993)

[Albertz, 2001] Albertz, J., Einführung in die Fernerkundung. Grundlagen der Interpretation von Luft und Satellitenbildern, Wissenschaftl. Buchgesellschaft, 2. überarb. und erw. Auflage (2001)

[Ahijado, 2010] Ahijado, L., Modeling of spatial relations for aerial image interpretation, Karlsruhe, KIT, Master Thesis, (2010)

[Bauer, 2006] Bauer, A., Ableitung von Objekteigenschaften aus der SAR-Signatur. Universität Karlsruhe, Studienarbeit (2006)

[Bauer und Peinsipp-Byma, 2008] Bauer, A., Peinsipp-Byma, E., A semantic approach to the efficient integration of interactive and automatic target recognition systems for the analysis of complex infrastructure from aerial imagery, Automatic Target Recognition XVIII, Firooz A. Sadjadi, Editors, Proc. SPIE 6967, 69670Z (2008)

[Bauer und Geisler, 2009] Bauer, A.; Geisler, J., Decision support for object recognition from multi-sensor data, In: Thoma, Klaus (Hrsg.); Fraunhofer Verbund für Verteidigungs- und Sicherheitsforschung: Future security: 3rd Security Research Conference Karlsruhe; 10th-11th September 2008: Congress Center Karlsruhe, Germany. Stuttgart: Fraunhofer IRB Verl., S. 321-326 (2008)

[Bauer, 2009a] Bauer, A., Probabilistic reasoning on object occurrence in complex scenes, In: Image and Signal Processing for Remote Sensing, Proc. SPIE 7477A, 74770A (2009)

[Bauer, 2009b] Bauer, A., Assisted Interpretation of Infrastructure Facilities from Aerial Imagery, Proc. SPIE 7481, 748105 (2009)

[Bauer, 2010] Bauer, A., Probabilistic Scene Models for Image Interpretation, In: Communications in Computer and Information Science, Vol. 81, Springer (2010)

[Bauer und Herschelmann, 2010] Bauer, A., Herschelmann, O., Exploiting Context for Assisted Aerial Image Interpretation, Proc. SPIE 7835, 78350K (2010)

[Bauer et al., 2010] Bauer, A., Juergens, V., Angele S., Dealing with Uncertain Feature Assessment in Interactive Object Recognition, Proc. SPIE 7835, 78350L (2010)

[Berger et al., 2004] Berger, A., Eck, R., Heinze, N., Peinsipp-Byma, E., Integration of automatic detection algorithms into interactive image interpretation, 8th World Multi-Conference on Systemics, Cybernetics and Informatics, SCI 2004, Orlando (2004)

[Bibel, 1993] Bibel, W., Wissensrepräsentation und Inferenz: eine grundlegende Einführung, Vieweg, S.77-82 (1993)

[Brockhaus, 1984] dtv-Brockhaus, F. A. Brockhaus und Deutsche Taschenbuch Verlag GmbH & Co KG, 1984.

[Brooks, 1981] Brooks, A. R., Symbolic Reasoning about 3-D Models and 2-D Images, Artificial Intelligence, Vol. 17, S. 285-348 (1981)

[Buchanan, 1984] Buchanan, B. G., Shortlife, E. H., Rule-Based Expert Systems: The MYCIN Experiments of Stanford Heuristic Programming Project, Addison-Wesley, Reading MA (1984)

[Chib and Greenberg, 1995] Chib, S., Greenberg, E., Understanding the Metropolis-Hastings Algorithm, In: The American Statistician, Vol. 49, No. 4, S. 327-335 (1995)

[Christmas et al., 1995] Christmas, W., Kittler, J., Petrou, M., Structural Matching in Computer Vision Using Probabilistic Relaxation, In: IEEE Transactions on Pattern Analysis and Machine Intelligence, Vol. 17, No. 8, S. 749-765 (1995)

[Conte et al., 2004] Conte, D., Foggia, P., Sansone, C., Vento, M., Thirty Years of Graph Matching in Pattern Recognition, International Journal of Pattern Recognition and Artificial Intelligence, Vol. 18, Nr. 3 (2004).

[Crevier 1997] Crevier, D., Knowledge-Based Image Understanding Systems: A Survey, In: Computer Vision and Image Understanding, Vol. 67, Nr. 2, S 161-185, (1997)

[Draper et al., 1989] Draper, B. A., Collins, R. T., Brolio, J., Hanson, A. R., Riseman, E. M., The schema system, In: International Journal of Computer Vision, Vol. 2, Nr. 3, S. 209-250 (1989)

[Dillon und Caelli, 1998] Dillon, C., Caelli, T., Learning Image Annotation: The CITE System, In: Videre - Journal of Computer Vision Research, MIT Press, S. 90-121 (1998)

[Egendorfer and Herring, 1990] Egenhofer, M., Herring, J., Categorizing Binary Topological Relations Between Regions, Lines and Points in Geographic Databases, Technical report, Department of Surveying Engineering, University of Maine (1990)

[Endres and Gething, 2001] Endres, G., Gething, M., Jane's Aircraft Recognition Guide, Collins, 3rd edition (2001)

[Eshera und Fu, 1986] Eshera, M. A., Fu, K.-S., An Image Understanding System Using Attributed Symbolic Representation and Inexact Graph-Matching, In: Pattern Analysis and Machine Intelligence, IEEE Transactions on, Vol. 8, Nr. 5, S. 604-618 (1986)

[Evans et al., 2005] Evans, A., Sikorski, J., Thomas, P., Cha, S.-H., Tappert, C., Zou, G., Gattani, A. and Nagy, G., Computer Assisted Visual Interactive Recognition (CAVIAR) Technology, 2005 IEEE International Conference on Electro-Information Technology, Lincoln, NE (2005)
[Fitts, 1951] Fitts, P., Human engineering for an effective air navigation and traffic control system, Technical report, Ohio State University Foundation Report, Columbus (1951)

[Fu et al., 2008] Fu, Y., Xing, K. , Han, X. , Zhang, H., Airfield Runway Detection from Synthetic Aperture Radar Image, In: Image and Signal Processing, CISP '08, S. 798-801 (2008)

[Geisler et al., 1999] Geisler, J., Kerker, R., Littfaß, M., RecceMan – ein interaktives Werkzeug für die Unterstützung und Weiterbildung in der Bildauswertung. In: Fraunhofer IITB Mitteilungen 1999, Karlsruhe, Fraunhofer Institut für Informations- und Datenverarbeitung, S. 28-29 (1999)

[Geman and Geman, 1984] Geman, S., Geman, D., Stochastic relaxation, Gibbs distributions and the Bayesian restoration of images, IEEE Trans. on Pattern Analysis and Machine Intelligence, Vol. 6, S. 721-741 (1984)

[Gilow, 2008] Gilow, T., Aufgaben- und benutzerorientierte Integration von Unterstützungskomponenten für die interaktive Infrastruktur-auswertung, Karlsruhe, TH, Dipl.-Arb. (2008)

[Goldstein, 2002] Goldstein, E. B., Wahrnehmungspsychologie, 2. Auflage, Spektrum Verlag (2002)

[Guo et al., 2009] Guo, D., H. Xiong, V. Atluri, and N. Adam, Object discovery in high-resolution remote sensing images: a semantic perspective. Knowledge and Information Systems, Vol. 19, Nr. 2, S. 211-233 (2009)

[Herschelmann, 2010] Herschelmann, O., Evaluation of a scene model for interactive aerial and satellite image interpretation, Mid Sweden Univ., M.Sc. Thesis Project Report (2010)

[Hudelot, 2008] Hudelot, C., Atif, J., Bloch, I., Fuzzy Spatial Relation Ontology for Image Interpretation, Fuzzy Sets and Systems, S. 1929-1951 (2008)

[Huertas und Nevatia, 1988] Huertas, A., Nevatia, R., Detecting buildings in aerial images, In: Computer Vision, Graphics, and Image Processing, Vol. 41, Nr. 2, S. 131-152 (1988)

[Huertas et al., 1990] Huertas, A., Cole, W., Nevatia, R., Detecting runways in complex airport scenes, In: Computer Vision, Graphics, and Image Processing, Vol. 51, Nr. 2, S. 107-145 (1990)

[Jasper und Uschuld, 1999] Jasper, R., Uschold, M., A Framework for Understanding and Classifying Ontology Applications, In: Twelfth Workshop on Knowledge Acquisition Modeling and Management KAW'99 (1999)

[Jiang und Bunke, 2008] Jiang, X., Bunke, H., Graph Matching, In: Case-Based Reasoning on Images and Signals, Vol. 73, S. 149-173 (2008)

[Knill et al., 1996] Knill, D. C., Kersten, D., Yuille, A., A Bayesian formulation of visual perception, In: Perception as Bayesian Inference, Cambridge University Press, S. 1-21 (1996)

[Koller und Friedman, 2009] Koller D., Friedman, N., Probabilistic Graphical Models: Principles and Techniques, The MIT Press, (2009)

[Li, 2009] Li, S. Z., Markov Random Field Modeling in Image Analysis (Advances in Pattern Recognition), 3rd ed., Springer (2009)

[Libuda, 2006] Libuda, L., Wissensbasierte Szenenanalyse für Navigationsaufgaben mobiler Roboter in Innenräumen, Dissertation, http://darwin.bth.rwth-aachen.de/opus3/volltexte/2007/1784/, RWTH Aachen (2006)

[Lin et al., 2009] Lin, L., Wu, T., Porway, J., Xu, Z.: A Stochastic Graph Grammar for Compositional Object Representation and Recognition. Pattern Recognition, Vol. 42, Nr. 7, 1297-1307 (2009)

[Lueders, 2006] Lueders, P., Scene Interpretation Using Bayesian Network Fragments, In: Lecture Notes in Economics and Mathematical Systems, Vol. 581, S. 119-130, Springer (2006)

[Maillot et al., 2004] Maillot, N., Thonnat, M., Boucher, A., Towards ontology-based cognitive vision, In: Machine Vision and Applications, Vol. 16, Nr. 1, S. 33-40 (2004)

[Manning und Schütze, 1999] Manning, C.D., Schütze, H., Foundations of Statistical Natural Language Processing, MIT Press (1999)

[Mareth et al., 2010] Mareth, N., Streicher, A., Bauer, A., Roller, W., Context-Aware Retrieval of Learning Units, IADIS e-learning 2010 conference, Freiburg, Germany (2010)

[Marr, 1982] D. Marr, Vision: A Computational Investigation into the Human Representation and Processing of Visual Information, W. H. Freeman (1982)

[Matsuyama und Hwang, 1990] Matsuyama, T., Hwang, V., S., SIGMA: A Knowledge-Based Aerial Image Understanding System, Plenum Publishing (1990)

[Mayer, 1999] Mayer, H., Automatic Object Extraction from Aerial Imagery—A Survey Focusing on Buildings, In: Computer Vision and Image Understanding, Vol. 74, Nr. 2, S. 138-149 (1999)

[Mayhew, 1992] Mayhew, D. J.: Principles and guidelines in software user interfaces design, Prentice Hall (1992)

[McKeown et al., 1985] McKeown, D., Harvey, W., Wixson, L., Rule-Based Interpretation of Aerial Imagery, In: IEEE Transaction on Pattern Analysis and Machine Intelligence, Vol. 7, Nr. 5, S. 570-585 (1985)

[Minsky, 1975] Minsky, M., A Framework for Representing Knowledge, The Psychology of Computer Vision, P. H. Winston (ed.), McGraw-Hill (1975)

[Modestino und Zhang, 1992] Modestino, J. W., Zhang, J. , A Markov Random Field Model-Based Approach to Image Interpretation, IEEE Trans. Pattern Anal. Mach. Intell., Vol. 14, Nr. 6, S. 606-615 (1992)

[Mooshage et al., 2007] Mooshage, O., Thun, A., Schweingruber, J., A human-centered approach for the optimization of human-system-interaction in future naval C2 systems, 12th International Command and Control Research and Technology Symposium (2007)

[Nagao et al., 1979] Nagao, M., Matsuyama, T., Mori, H., Structural analysis of complex aerial photographs, In: Proceedings of the 6th international joint conference on Artificial intelligence, Volume 2, Morgan Kaufmann Publishers Inc., S. 610-616 (1979)

[Neumann, 2003] Neumann, B., Bildverstehen - ein Überblick, In: Görz, G., Rollinger, C.-R., Schneeberger, J. (Hrsg.), Handbuch der Künstlichen Intelligenz, 4. Ausgabe, Oldenburg-Verlag, S. 815-870 (2003)

[Neumann und Möller, 2008] Neumann, B., Möller, R., On scene interpretation with description logics, In: Image and Vision Computing, Vol. 26, Nr. 1, S. 82-101 (2008)

[Nicolin und Gabler, 1987]Nicolin, B., Gabler, R., A Knowledge-Based System for the Analysis of Aerial Images, IEEE Transactions on Geoscience and Remote Sensing, Vol. 25, No. 3, S. 317-329 (1987)

[Palmer, 1999] Palmer, S.E., Vision science. Photons to phenomenology, MIT Press (1999)

[Pearl, 1997] Pearl, J., Probabilistic reasoning in intelligent systems: networks of plausible inference, Morgan Kaufmann Publishers, S. 77-130 (1997)

[Peinsipp-Byma, 2007] Peinsipp-Byma, E., Leistungserhöhung durch Assistenz in interaktiven Systemen zur Szenenanalyse., http://digbib.ubka.uni-karlsruhe.de/volltexte/1000007038, Universitätsverlag Karlsruhe (2007)

[Pfirrmann, 2008] Pfirrmann, U., i2exrep Interactive ISR Exploitation Report, Produktblatt, online verfügbar unter: http://www.iosb.fraunhofer.de/servlet/is/8283/i2exrep.pdf?command=downloadContent&filename=i2exrep.pdf, abgerufen am 20.12.2010

[Porway et al., 2008] Porway, J., Wang, K., Yao, B., Zhu, S. C.: A Hierarchical and Contextual Model for Aerial Image Understanding, In: IEEE Conference on Computer Vision and Pattern Recognition CVPR, S. 1-8 (2008)

[Randell et al., 1992] Randell, D. A., Cui, Z., Cohn, A. G., A spatial logic based on regions and connection, In: Proceedings 3rd International Conference on Knowledge Representation and Reasoning, San Mateo, CA, Morgan Kaufmann, S. 165–176 (1992)

[Rao, 1988] Rao, A. R., Jain, R., Knowledge Representation and Control in Computer Vision Systems, IEEE Intelligent Systems, Vol. 3, Nr. 1, S. 64-79 (1988)

[Retz-Schmidt, 1988] Retz-Schmidt, G., Various views on spatial prepositions, AI Magazine, Summer 1988, S. 95-105 (1988)

[Rimey und Brown, 1994] Rimey, R. D. and Brown, C. M., Control of Selective Perception Using Bayes Nets and Decision Theory. International Journal of Computer Vision, Vol. 17, S. 173-109 (1994)

[Robert, 2007] Robert, C.P.: The Bayesian Choice: From Decision-Theoretic Foundations to Computational Implementation, Second Edition, Springer 2007.

[Roller, 2003] Roller, W., SAR-Tutor - Computer-unterstützte Ausbildung für die Auswertung von Radar-Bildern, In: Wirth, S. Fraunhofer-Institut für Informations- und Datenverarbeitung IITB, Jahresbericht (2003)

[Rosenfeld et al., 1976] Rosenfeld, A, Hummel, R. A., Zucker, S. W., Scene labeling by relaxation operations, IEEE Transactions on Systems, Man and Cybernetics, Vol. 6, Nr. 6, S. 420-433 (1976)

[Sohn und Dowman, 2007] Sohn, G., Dowman, I., Data fusion of high-resolution satellite imagery and LiDAR data for automatic building extraction, In: ISPRS Journal of Photogrammetry and Remote Sensing, Vol. 62, Nr. 1, S. 43-63 (2007)

[Sheridan, 2000] Sheridan, T., Function allocation: algorithm, alchemy or apostasy?, In: International Journal of Human-Computer Studies, Vol. 52, Nr. 2, S. 203-216, (2000)

[Singhal et al., 2003] Singhal, A., L. Luo, and W. Zhu, Probabilistic spatial context models for scene content understanding, In: Proceedings of the 2003 IEEE computer society conference on Computer vision and pattern recognition, CVPR'03, Washington, DC, USA, S. 235-241, (2003)

[Schönbein, 2006] Schönbein, R., Agenten- und ontologiebasierte Software-Architektur zur interaktiven Bildauswertung, http://digbib.ubka.uni-karlsruhe.de/volltexte/1000003908, Universitätsverlag Karlsruhe (2006)

[Tu et al., 2005] Tu, Z., Chen, X., Yuille, A. L., Zhu, S.-C., Image Parsing: Unifying Segmentation, Detection, and Recognition, In: International Journal of Computer Vision, Vol. 63, Nr. 2, S. 113-140, (2005)

[Vanegas, 2011] Vanegas, M. C., Spatial relations and spatial reasoning for the interpretation of Earth observation images using a structural model, Ph.D. Thesis, (2011).

[W3C OWL2, 2011] OWL 2 Web Ontology Language – Document Overview, W3C Recommendation,online: http://www.w3.org/TR/owl-overview/, abgerufen am 8.3.2011.

Karlsruher Schriftenreihe zur Anthropomatik
(ISSN 1863-6489)

Herausgeber: Prof. Dr.-Ing. Jürgen Beyerer

Die Bände sind unter www.ksp.kit.edu als PDF frei verfügbar
oder als Druckausgabe bestellbar.